Friedrich Crusius

Römische Metrik

Eine Einführung

Neu bearbeitet von

Hans Rubenbauer

1997
Georg Olms Verlag
Hildesheim · Zürich · New York

Dem Nachdruck liegt das Exemplar
der Stadtbibliothek Wolfsburg zugrunde.

Signatur: 21 L 3

5. Nachdruck der 8. Auflage München 1967
Georg Olms AG, Hildesheim 1997
Printed in Germany
Gedruckt auf säurefreiem und alterungsbeständigem Papier
Herstellung: Friedr. Schmücker GmbH, Löningen
ISBN 3-487-07532-6

FRIEDRICH CRUSIUS

RÖMISCHE METRIK

EINE EINFÜHRUNG

NEU BEARBEITET VON

HANS RUBENBAUER
PROFESSOR AN DER UNIVERSITÄT MÜNCHEN

MAX HUEBER VERLAG MÜNCHEN

Inhaltsverzeichnis.

Aus dem Vorwort zur ersten Auflage.

Eine moderne, vollständige Einführung in die Metrik des Lateinischen gibt es nicht. Wohl sind (meist veraltete) Handbücher der griechischen und römischen Metrik vorhanden; wer aber über römische Metrik allein das Nötigste wissen will, muß entweder zu Vollmers gedankenreicher Skizze in Gercke-Nordens Handbuch gründliche Elementarkenntnisse mitbringen oder, wenn er zu Postgates an sich vortrefflicher *Prosodia Latina* greift, sich damit abfinden, daß Postgate das alte Latein wenig berücksichtigt. Der Abriß von Gleditsch in Iwan v. Müllers Handbuch ist zwar vollständig, aber gesondert nicht zu haben und teilweise veraltet. Die bestehende Lücke soll durch das vorliegende Buch ausgefüllt werden.

Es ist für alle geschrieben, die ernstes Interesse für Metrik haben, besonders für Anfänger.

Für die Stoffeinteilung war das praktische Bedürfnis in erster Linie maßgebend; die Darstellung ist daher weder streng systematisch noch streng historisch, geht vielmehr meist von den poetischen Stilgattungen (Epos, Lyrik usw.) und den Dichterpersönlichkeiten aus.

Im allgemeinen werden nur die wichtigsten Ergebnisse älterer und neuerer Forschung mitgeteilt; Streitfragen werden entweder in einem bestimmten Sinn im voraus entschieden oder gar nicht berührt.

München, den 29. November 1928.

Friedrich Crusius.

Vorwort zur zweiten Auflage.

Seit dem Erscheinen der römischen Metrik von F. Crusius sind ähnliche für Studierende berechnete Darstellungen in französischer und italienischer Sprache erschienen (s. Literaturnachweis). Den Grundcharakter des Buches als Einführung in die Elemente wollte ich nicht ändern. Aber auf die umstrittenen Probleme der römischen Metrik, die gegenwärtig im Mittelpunkt der Forschung stehen, wollte ich wenigstens referierend hinweisen. Damit hängt es zusammen, daß gerade die einleitenden und letzten Kapitel stärker umgearbeitet wurden. In der Darstellung der Versmaße konnte auf weitere Strecken die Erstfassung beibehalten werden. Gekürzt wurde der Abschnitt über die plautinischen Cantica, der in der ursprünglichen Fassung doch wohl über den Rahmen eines Lehrbuchs hinausging. In der Einteilung habe ich zwischen systematischer und historischer Anordnung einen Ausgleich erstrebt. Daß die catullische und horazische Verskunst dadurch nicht mehr jede gänzlich gesondert für sich dargestellt werden konnte, glaubte ich in Kauf nehmen zu können. Es wurde dafür in der historischen Übersicht (42) ausführlicher über die von den einzelnen Dichtern bevorzugten Versmaße gehandelt.

Für Kreise, die sich über einzelne Fragen eingehender zu orientieren wünschen, habe ich (S. 138 ff.) ausgewählte Hinweise auf die wichtigste einschlägige Literatur beigegeben, auf die im Text mit 1*) usw. verwiesen wird. Mit 1) usw. wird auf die Fußnoten unter dem Text hingewiesen.

Die Herstellung einer 3. Auflage bot die erwünschte Gelegenheit kleinere Versehen zu berichtigen unter Berücksichtigung von Hinweisen der Kritik (besonders von H. Drexler im Gnomon 28, 1956, 196 ff. und K. Rupprecht, Die alten Sprachen im Unterricht 4, 1956, 18 ff.).

München, April 1958.

Rubenbauer.

1. Kapitel.

Deutsche und lateinische Verskunst. 1*)

§ 1. Prosa und Poesie im Deutschen.

1. Der Anfang der Erzählung „Der Geisterseher" von Schiller lautet so:

„Ich erzähle eine Begebenheit, die vielen unglaublich scheinen wird, und von der ich großenteils selbst Augenzeuge war."

In diesem Satz folgen betonte und unbetonte Silben unregelmäßig aufeinander; von einem solchen Satz sagt man, daß er in **deutscher Prosa**¹) geschrieben sei.

2. Ebenfalls prosaisch sind folgende Sätze aus Schillers „Räubern", 4. Aufzug, 1. Auftritt:

„Sei mir gegrüßt, Vaterlandserde! Vaterlandshimmel! Vaterlandssonne! — und Fluren und Hügel und Ströme und Wälder! Seid alle, alle mir herzlich gegrüßt!"

Auch hier ist eine **strenge** Ordnung in der Folge betonter und unbetonter Silben nicht erkennbar; trotzdem wird jeder, der die Sätze laut liest, das Gefühl haben, daß Wahl und Stellung der Wörter durch eine gewisse Gliederung in der Betonung, durch **Rhythmus**²) bestimmt werden; ein deutlicher Beweis hierfür ist die ungewöhnliche Wortstellung: „Seid alle, alle mir" usw. statt „seid mir alle, alle..." In einem Fall wie diesem spricht man von **rhythmischer Prosa**.

3. In der Dichtung ist im Deutschen der Wechsel betonter und unbetonter Silben meistens streng regelmäßig und des-

---

¹) Worterklärung siehe Fußnote 3 S. 2.

²) ῥυϑμός (von ῥέειν = fließen) im allgemeinen bezeichnet die in der Zeit geordnete Bewegung (z. B. im Ablauf körperlicher Betätigungen, in der Musik in der Abfolge von Klängen).

halb gewissermaßen meßbar: der Rhythmus, der sich in der rhythmischen Prosa frei entfalten kann, wird in der Poesie [1]) durch das Metrum [2]) oder Versmaß gebunden. 2*) So paßt Vers 7 im 6. Auftritt des 2. Aufzugs der „Jungfrau von Orleans":

„O, wär' ich nimmer über Meer hierher geschifft"

in ein Versmaß, in dem sechsmal je eine betonte einer unbetonten Silbe folgt. In der Regel wird, wie im obigen Fall, die Rede durch das Versmaß in kleinere Abschnitte, Verse [3]), zerlegt, die sehr oft auch inhaltlich eine Einheit bilden.

Die Art, wie betonte und unbetonte Silben aufeinander folgen — das ist, wie wir sahen, im Deutschen das äußere Kennzeichen, nach dem einfache Prosa, rhythmische Prosa und Poesie voneinander unterschieden werden können. Im Lateinischen ist das Unterscheidungsmerkmal ein anderes. Ehe davon die Rede ist, sei kurz das Wichtigste über die Betonungsgesetze der Wörter der lateinischen Sprache gesagt.

§ 2. Betonung der Wörter der lateinischen Sprache der historischen Zeit [4]). Quantität.

4. Die Betonung der lateinischen Wörter richtet sich im Gegensatz zum Deutschen, wo der Ton fast immer auf der Stammsilbe ruht, nach dem sogenannten Dreisilbengesetz:

„Jedes mehrsilbige betonte Wort hat den Hauptakzent [5]) auf der vorletzten Silbe, wenn diese lang, auf der drittletzten

---

[1]) $\pi o i\eta\sigma\iota\varsigma$ = die Dichtung (von $\pi o\iota\epsilon\tilde{\iota}\nu$ machen, hervorbringen).

[2]) $\mu\acute{\epsilon}\tau\varrho o\nu$ = Maß.

[3]) *versus* ursprünglich Furche, dann Zeile, Verszeile. — Gegensatz *oratio prosa* (von *prorsus* = nach vorwärts gekehrt) die ungehindert weitergehende Rede. — Eine Dichtung, in der Prosa und Verse miteinander vermischt sind (wie Varros *saturae Menippeae*, Senecas *apocolocyntosis*, Petrons *satiricon*) bezeichnet man als *prosimetron*.

[4]) In einer vorhistorischen Periode herrschte im Lateinischen Anfangsbetonung, aus der sich verschiedene prosodische Eigentümlichkeiten (z. B. Synkope u. ä., auch die Vorliebe für Alliteration) erklären.

[5]) Unter *Akzent* (lat. *accentus*, wörtliche Übertragung von gr. $\pi\varrho o\sigma\psi\delta\acute{\iota}a$) versteht man die Hervorhebung einer Silbe (gegenüber andern Silben ohne Akzent) durch Betonung (Zeichen: ' über dem Vokal).

Silbe, wenn die vorletzte kurz ist. Zweisilbige Wörter werden auf der vorletzten Silbe betont."

Wie man sieht, ist im Lateinischen L ä n g e oder K ü r z e (Q u a n t i t ä t) der vorletzten Silbe entscheidend für die Wortbetonung; aber auch die Quantität der übrigen Silben eines Wortes wurde beim Sprechen streng beobachtet; in einer eigenen Disziplin, der lateinischen P r o s o d i e [1]), haben antike und moderne Gelehrte die Quantität der Silben lateinischer Wörter festgestellt. Kenntnis der Silbenquantitäten ist, wie wir sehen werden, für das metrische Verständnis lateinischer Dichtungen unentbehrlich.

§ 3. Prosa und Poesie im Lateinischen.

5. Dem oben 3 zitierten Vers aus der „Jungfrau von Orleans" entspricht scheinbar ein Vers von Catull (4, 27):

gemélle Cástor ĕt gemélle Cástoris.

Hier, wie in Schillers Vers, folgt je einer unbetonten eine betonte Silbe. (Zur Betonung des Versschlusses vgl.: „Weh mir! Was seh' ich? Dort erscheint die Schreckliche!" acht Verse nach dem oben zitierten Vers von Schiller). Dem Vers Catulls jedoch gehen folgende zwei vorher (4, 25 f.):

sed hāec prius fuére: núnc recóndita
sénet quiéte séque dédicat tibi.

In diesen Versen fallen die Wörter *prius, sénet, tibi* durch ihre Betonung deutlich aus der gleichmäßigen Folge betonter und unbetonter Silben heraus. Die m e t r i s c h e Übereinstimmung besteht in allen drei Versen darin, daß sechsmal je eine l a n g e S i l b e e i n e r k u r z e n S i l b e folgt, z. B. *sed* (kurz) *haec* (lang).

Nicht die Wortbetonung ist also bei lateinischen Versen das A u s s c h l a g g e b e n d e ; vielmehr s t e l l e n d i e l a t e i n i s c h e n V e r s e e i n e r e g e l m ä ß i g e F o l g e l a n g e r u n d k u r z e r S i l b e n d a r ; auch in der lateinischen r h y t h - m i s c h e n P r o s a [2]) ergibt sich der Rhythmus aus der

---

[1]) Unter προσῳδία (eigtl. „Zugesang") verstanden die griechischen Grammatiker die Lehre von Tonhöhe (Akzent), Aspiration und Dauer (Quantität) der Laute; in weiterem Sinn befaßt sich die dichterische Prosodie auch mit Eigentümlichkeiten im Zusammenfügen von Silben und Wörtern.

[2]) S. hierüber unten 183ff.

Quantität der Silben[1]). Die lateinische Dichtung ist quantitierend, die deutsche akzentuierend.

Um also lateinische Verse von lateinischer Prosa sicher unterscheiden zu können, müssen wir die Quantität (Länge oder Kürze) der Silben lateinischer Wörter kennenlernen.

2. Kapitel.

Lateinische Prosodie. 3*)

6. Im folgenden wird in Kürze das Wichtigste aus der lateinischen Prosodie mitgeteilt. Es sei vorausbemerkt, daß die Silbenquantitäten des Lateinischen im Lauf der Jahrhunderte sich verändert haben; jede Generation, ja jeder Dichter hat prosodische Eigenheiten. Im wesentlichen genügt es jedoch Altlatein (Plautus, Terenz, Ennius), klassisches Latein und Spätlatein (bis zum Schwinden des Gefühls für Quantitäten) zu unterscheiden. Die Prosodie des klassischen Lateins, in dem die besten Dichter geschrieben haben, ist am wichtigsten und wird hier besonders berücksichtigt.

§ 1. Allgemeine Quantitätsregeln.

7. Im Lateinischen gibt es kurze und lange Vokale[2]). Diphthonge[3]) sind immer lang. Eine Silbe mit kurzem Vokal ist kurz, eine Silbe mit langem Vokal oder Diphthong ist lang.

Für den Lernenden ist es von größter Wichtigkeit, daß er alle Vokale quantitätsrichtig ausspricht[4]). Das *o* im Wort *rŏsa*

---

[1]) Erst in der späteren Kaiserzeit beginnt die Prosabetonung der Wörter eine für den Vers- und Prosarhythmus immer wichtiger werdende Rolle zu spielen. Vgl. hierüber unten 181.

[2]) Zur Bezeichnung der Kürze bedient man sich eines Häubchens (˘), zur Bezeichnung der Länge eines Strichs (−) über dem betreffenden Vokal. Kann eine Silbe durch eine Kürze oder Länge ausgefüllt werden (*syllaba anceps;* vgl. unten 37), so stehen beide Zeichen (≍). — Ein Notbehelf ist es, wenn in den Versen auch positionslange Silben durch − bezeichnet werden.

[3]) Zwei miteinander verschmelzende Vokale.

[4]) Ein Quantitätsunterschied kann einen Unterschied der Wortbedeutung ausmachen, z. B. in *mălum* gegenüber *mālum, occīdit* gegenüber *occĭdit* oder der syntaktischen Funktion, z. B. *cūrā* Nom. Sing. gegenüber *cūrā* Abl. Sing., altlat. *servŏs* Nom. Sing. gegenüber *servŏs* Acc. Plur.

4

darf nicht wie das *o* des deutschen Rōse, sondern muß eher wie das *o* in Rosse gesprochen werden. Im Deutschen sagt man nach dem deutschen Ausspracheprinzip Sōzius, im Lateinischen muß *sŏcius* (mit kurzem *o*) gesprochen werden.

8. Eine **Silbe** gilt auch dann für **lang**, wenn sie zwar kurzen Vokal hat, diesem Vokal jedoch unmittelbar **mehr als ein Konsonant folgt** [1]). Man spricht dann von **Längung durch Position** [2]). Dabei ist es gleichgültig, ob die längenden Konsonanten zur selben Silbe gehören oder ob sie teilweise oder (selten!) ganz am Anfang eines folgenden Wortes stehen (doch vgl. 10 Anm.). Z. B. ist **lang** das Wort *mors* trotz der Kürze des Vokals *o*, weil in **derselben Silbe** auf den Vokal zwei Konsonanten folgen; ebenso ist **lang** die erste Silbe im Genitiv *mor-tis*, weil im **selben Wort** auf den Vokal *o* zwei Konsonanten folgen[3]); endlich ist ebenfalls **lang** die zweite Silbe der Wortfolge *divum pater*, weil auf den kurzen Vokal *u* ein Konsonant folgt, der das erste Wort schließt, und ein zweiter, der das nächste Wort beginnt.

Die Aussprache des Vokals einer positionslangen Silbe ist kurz, wenn er nicht von Natur lang ist.[4*]) Unterscheide z. B. *ĕst* = „er ist" von *ēst* = „er ißt" auch in der Aussprache! Doch gibt es einige **Ausnahmefälle**, in denen von **Natur kurze Vokale** vor positionsbildenden Konsonanten **lang gesprochen** werden, so ursprünglich kurzer Vokal vor *ns* und *nf*, z. B. in den Verbindungen von *con-* und *in-* mit folgendem *f* oder *s*, also *insanus, infelix, cōnsul, cōn-*

---

[1]) *x* und *z* gelten in diesem Fall für zwei Konsonanten, *qu* dagegen, obwohl es als *kw* gesprochen wird, nur für einen (Ausnahme: *liquidus* neben *liquidus* bei Lukrez; Längung durch -*que* erscheint erst relativ spät); *h* in Verbindung mit einem Konsonanten bewirkt vor der Spätantike **keine** Längung einer Silbe (vgl. Fn. 1 S. 14). – Ueber die Ausnahmebestimmungen bei der Konsonantenfolge *muta cum liquida* siehe unter 9.

[2]) *positione* (Übersetzung von gr. θέσει d. h. „durch Satzung"). Die griechischen Metriker, deren Bezeichnung die Römer übersetzten, meinten, die Verwendung solcher Silben als Länge beruhe auf Abmachung der Dichter. Die Römer konnten den Ausdruck wohl auch in dem Sinn „durch die Stellung" verstanden haben. Von den *syllabae positione longae* wurden die *syllabae naturā longae* (naturlange Silben mit langem Vokal oder Diphthong) und die *syllabae naturā breves* (Silben mit kurzem Vokal, dem höchstens ein Konsonant folgt) geschieden.

[3]) Die Silbe wird dadurch **geschlossen**.

5

fecit, ferner ursprünglich kurzer Vokal vor der Verbindung *nc* + Konsonant (daher auch vor *nx*), also *sānctus, coniūnx* [1]). In allen diesen Fällen muß man Nasalierung annehmen [2]). Im Part. Perf. Pass. wird der kurze Vokal gedehnt bei Verbalstämmen, die auf eine Media endigen [3]), z. B. *ăgō: āctum* (aber *făciō: făctum*). 5*)

Anmerkung: Die Regel über Positionslänge läßt sich auch so fassen, daß offene Silben, d. h. solche, die mit einem Vokal schließen, falls der Vokal kurz ist, für kurz gelten, geschlossene, d. h. solche, die mit einem Konsonanten schließen, für lang. So ist kurz das *a* von *ă-mo,* dagegen gilt metrisch für lang die Silbe *per* von *per-do.* Folgen zwei Wörter aufeinander, z. B. *flumen altum,* so ist die Silbe *-en* von *flumen* scheinbar geschlossen; im Satzzusammenhang wird jedoch das *n* zu dem folgenden Wort gezogen (*flume-naltum*), so daß auch diese Silbe als offen empfunden werden kann.

9. Muta cum liquida [4]).

Eine Silbe mit kurzem Vokal, auf die im gleichen Wort *muta cum liquida* folgt, kann als kurz oder lang gewertet werden; man nennt sie *anceps* (schwankend), z. B. *ĕt prīmō sĭmĭlis vŏlŭcrī, mōx vērā vŏlŭcrĭs* (Ovid Metamorphosen 13, 607); *ĕt Lўcūm nĭgrĭs* [5]) *ŏcŭlĭs nĭgrōквĕ crĭnĕ dĕcōrŭm* (Horaz carm. 1, 32, 11).

Die Position, die bei kurzem Vokal vor *muta cum liquida* entsteht, nennt man schwache Position (*positio debilis*).

Ausnahme: Gehören die Konsonanten *muta* und *liquida* verschiedenen Silben an (in Zusammensetzungen), so tritt stets Positionslängung ein, z. B. *ŏb-lino, āb-rumpo* (die erste Silbe ist hier geschlossen). In allen übrigen Fällen bleibt die Silbe vor *muta c. liq.* — da diese nicht getrennt werden (vgl. die Regeln der Silbentrennung) — offen, mit kurzem Vokal daher der lateinischen Aussprache gemäß kurz (so immer

---

[1]) Hinsichtlich der Dehnung vor *r* + Konsonant (z. B. *firmus* oder *firmus*) und vor *-gn* (z. B. *dignus* oder — wohl richtiger — *dignus*) widersprechen sich die Zeugnisse.

[2]) In den Inschriften ist öfters *cos.* statt *consul* geschrieben; vgl. auch *totiēs* neben *totiēns.*

[3]) Die mediae sind *b, d* und *g.*

[4]) Die mutae sind *b, p, d, t, g, c;* die liquidae sind *l, m, n, r.*

[5]) Zur Länge der 4. Silbe vgl. **138.**

bei den altlateinischen Szenikern). Die von Ennius im Hexameter eingeführte (und in der späteren Dichtung überall beibehaltene) Möglichkeit der Wertung als Länge beruht auf Nachahmung der Praxis der homerischen Dichtung.

10. Wenn ein Wort auf kurzen Vokal endigt und das folgende Wort mit *muta cum liquida* beginnt, so bleibt die Silbe am Wortende kurz.

Ausnahme: Lang wird die kurze Endsilbe eines Wortes, wenn das nächste Wort mit der Konsonantenverbindung *gn* beginnt (aber *lucidă Gnosis* Statius silvae 5, 1, 232). Auch *tr*, *fr*, *br* am Wortanfang können eine Silbe in der metrischen Hebung längen, z. B. *Propontidá trucemve* (Catull 4,9); *impotentiá freta* (Catull 4,18); *ultimá Britannia* (Catull 29,4).

Anmerkung: Meist haben in den Senkungen der Verse auch die Konsonantenverbindungen *sc, sq, st, sp, su* sowie (bei griechischen Fremdwörtern) *sm, x, z, ps* keine längende Kraft, also z. B. *erilě scelus* (Plautus Rudens 198); *cederě squamigeris* (Lukrez 1, 372); *quiă scilicet* (Horaz Satiren 2, 2, 36); *mală stultitia* (Horaz Satiren 2, 3, 43); *moderabilě suadent* (Ov. am. 1, 6, 59) usw.

11. Wenn ein Wort auf kurzen Vokal plus muta endigt und das folgende Wort mit liquida beginnt, so findet stets (auch bei den altlateinischen Szenikern) Längung durch Position statt, z. B. *ŭt rūpēs* (Horaz Satiren 2, 3, 55)[1]).

12. Langer Vokal vor Vokal. Eine Silbe, die auf langen Vokal endigt, also an sich lang ist, wird kurz, wenn im selben Wort auf sie unmittelbar ein andrer Vokal oder *h* mit Vokal (vgl. Fn. 1 S. 14) folgt, z. B. *flěo* gegenüber *flēre*, *prěhendo* aus *prāehendo*)[2]).

Ausnahmen: Unverkürzt bleibt: 1. das *a* oder *e* im Vokativ der Eigennamen der 2. Deklination auf -*aius* und -*eius*, also *Gāi, Pompēi;*

2. das *a* des im alten Latein und bei Lukrez (archaisierend auch später) vorkommenden Genitiv Singular *āi* (=*ae*) der ersten Deklination, z. B. *terrāi frugiferāi;*

3. das *e* im Genitiv und Dativ der 5. Deklination, wenn *i* unmittelbar vorhergeht, z. B. *aciēi.* Geht dem *e* kein *i* voraus,

---

[1]) Die Silbe ist nunmehr geschlossen.
[2]) „*vocalis ante vocalem corripitur.*" Ueber die Möglichkeit der Verschmelzung zweier aufeinanderfolgender Vokale vgl. 20.

so schwankt der Gebrauch: im Altlatein (seit Plautus) findet sich der Genitiv *rēī* neben *rĕī*, *fidēī* neben *fidĕī*, die gekürzten Formen meist zu *rei fidei* kontrahiert, der Dativ immer kontrahiert;

4. häufig das *i* der Genitive auf *-ius*, das jedoch bei Dichtern in klassischer Zeit oft verkürzt erscheint. Sonach stehen nebeneinander z. B. *illĭus* und *illīus;* stets lang ist das *i* im Genitiv *alīus* (dagegen *alterĭus*), stets kurz das *i* im Genitiv *utrĭusque;*

5. das *i* im Verbum *fīo*, außer vor folgendem *er;* also *fīunt* usw., aber *fĭeri*, *fĭerem* usw. (im Altlatein *fīeri*, *fīerem*);

6. meist langer Vokal oder Diphthong vor Vokal in griechischen Wörtern, z. B. *āer*, *Menelāus*, *Ēos*, *Antiochīa*, *Alcaēus*; auch in dem lateinischen Götternamen *Diana* bleibt *i* vor *a* häufig unverkürzt;

7. im alten Latein mitunter das *ū* in *fūit*, *plūit*, *institūi* usw., das *i* in *audĭerant* usw.;

8. selten im alten Latein der erste Vokal oder Diphthong in *ēī*, *hūic*, *quōī* (=*cui*) [1].

§ 2. Quantität der Binnensilben.

13. Zur Bestimmung der Quantität von Binnensilben [2] lassen sich nur wenige allgemeingültige Regeln aufstellen; im Zweifelsfall ist es am besten solche Quantitäten im Lexikon nachzuschlagen, soweit die Kürze oder Länge nicht aus Grammatikregeln (über Konjugation, Deklination u. dgl.) oder aus dem im vorigen Paragraphen Mitgeteilten zu folgern ist.

Als Richtlinien können gelten:

1. Die Quantität der Stammsilben bleibt in der Deklination und Konjugation meist unverändert, z. B. *dōs*, *dōtis; hăbeo*, *hăbui.*

2. Stammsilben abgeleiteter und zusammengesetzter Wörter zeigen meist die gleiche Quantität wie·das Grundwort, z. B. *cădo: incĭdo.* Verschieden dagegen ist die Quantität bei Wörtern, die zueinander im Ablautverhältnis stehen, z. B. in *rĕgo: rēx*, *rēgis; dūco: dux*, *dŭcis; fīdo: fĭdes.*

---

[1] Vgl. 22.
[2] D. h. Silben, die das Wort nicht schließen.

Silben, deren Vokale aus Diphthongen entstanden sind, sind lang: *aequus, iniquus; caedo, occido; claudo, inclūdo.*

3. Silben, deren Vokale durch Zusammenziehung zweier Vokale entstanden sind, sind lang: *cōgo* aus *co+ago; nīl* aus *nihil.*

14. Quantitätsschwankungen kommen bei einigen Konjugationsformen vor:

1. Der Konj. Perf. hat in alter Zeit überall langes *ī*, z. B. bei Plautus *fuerīs, sustulerīt, meminerīmus, dixerītis;* das Futur II dagegen weist kurzes *ĭ* auf, z. B. *fregerĭtis.* In der klassischen Dichtung wird das *i* der 2. Pers. Sing. und der 1. u. 2. Pers. Plur. sowohl des Konj. Perf. als auch des Ind. Fut. II je nach Versbedürfnis kurz oder lang gebraucht.

2. In der 3. Pers. Pl. Ind. Pf. Akt. stehen nebeneinander die Endungen *-ērunt* (und *-ēre*) sowie *-ĕrunt.* Am gebräuchlichsten ist die Endung *-ērunt; -ĕrunt* ist bei den Szenikern metrisch nur am Vers- oder Kolonende nachzuweisen; die spätere Poesie macht von der Form für metrische Zwecke freien Gebrauch, desgleichen bevorzugt sie die versbequemere Form *-ēre* vor der schwerfälligeren Endung *-ērunt.*

§ 3. Quantität der Endsilben.

I. Echt lateinische Wörter.

Die folgenden Quantitätsregeln gelten für echt lateinische ein- oder mehrsilbige Wörter; die (meist griechischen) Fremdwörter gehorchen andern Gesetzen.

15. Es steht Vokal im Auslaut[1]).

a im Auslaut ist lang; kurz ist es als Endung des Nominativs, Vokativs und Akkusativs: *famă, donă, corporă,* ferner in *quiă, ită* und zuweilen im älteren Latein (und wieder seit dem 4. Jahrhundert) in *contră, frustră.*

e im Auslaut ist kurz; lang ist es:

1. im Ablativ Singular der 5. Deklination: *rē, diē* (und *hodiē*), darnach auch in *famē* u. ä.

2. in der 2. Person Singular Imperativ Präsens Aktiv der 2. Konjugation: *monē;*

---

[1]) Über kurzen Vokal durch Iamben- und Endsilbenkürzung s. unten **28** und **29**.

3. in den Adverbien zu Adjektiven der 1. und 2. Deklination: *longē*, *valdē* (auch *ferē*). Immer kurz endigen *benĕ*, *malĕ; temerĕ* ist Abl. Sing. zu **temos* (Dunkel), *saepĕ* und *impunĕ* sind Neutra sing.

4. in den Wörtern *ē, dē, mē, tē, sē, nē*.

i im Auslaut ist lang; kurz ist es in der klassischen Dichtung in *nisĭ, quasĭ*.

o im Auslaut ist lang; kurz ist es in der klassischen Dichtung in dem Adv. *modŏ* und in *quōmodŏ*. (*endŏ=indu* siehe unter *u*).

u im Auslaut ist lang; kurz ist es in dem alten Wort *indŭ* (früher *endŏ*).

16. Es steht Konsonant im Auslaut [1]).

Bei konsonantischem Auslaut unterscheidet sich die Prosodie der Endsilben im klassischen Latein sehr stark von der im alten Latein, das in weit größerem Maße die ursprünglichen Längen bewahrt hat.

A. Endsilben, die auf *-s* auslauten:

-as ist lang, z. B. *vocās*. Ausnahme: *anăs, anătis*.

-es ist lang, z. B. *fidēs*. Doch ist es kurz

α) im Nominativ und Vokativ Singular der Dentalstämme der 3. Deklination, also *equĕs, obsĕs* (Ausnahmen: *pēs*, Gen. *pĕdis* und [aus metrischem Zwang] *abiēs, ariēs, pariēs*, Gen. *-ĕtis*);

β) in *ĕs* (du bist) mit Komposita und *penĕs* [2]).

-is ist kurz, z. B. *finĭs*. Doch ist es lang

α) in den Kasusendungen des Plurals, also *feminīs, taurīs, nobīs, omnīs* (Akkusativ Plural);

β) in Verbalformen, nämlich in der 2. Person Singular Indikativ Präsens Aktiv der 4. Konjugation und einiger unregelmäßiger Verben, z. B. *audīs, īs, vīs, mavīs, fīs;* im Konjunktiv Präsens Aktiv einiger unregelmäßiger Verben, nämlich *sīs, possīs; velīs, nolīs, malīs* [3]);

γ) in *vīs, līs, Quirīs, Samnīs; -is* in *sanguĭs* (aus **sanguins*) ist anceps.

---

[1]) Vgl. Fn. 1 S. 9.

[2]) Bei Plautus findet sich Langmessung bei *milēs* aus *miless* (schon bei Ennius gekürzt) und bei *ess* (Positionslänge).

[3]) Zur Quantität der Endung der 2. Pers. Sing. Konj. Perf. und Fut. II s. 14,1.

-*os* ist lang, z. B. *hortōs;* kurz ist es in *ŏs, ossis; compŏs, impŏs.*

-*us* ist kurz, z. B. *animŭs;* lang ist es

α) im Nominativ und Vokativ Singular der 3. Deklination, wenn auch die andern Kasus *ū* haben, z. B. *virtūs,* ferner in *grūs, sūs;*

β) im Genitiv Singular, Nominativ, Vokativ und Akkusativ Plural der 4. Deklination, z. B. *fructūs.*

B. Endsilben auf einen anderen Konsonanten als -*s*.

1. Im klassischen Latein sind die Endsilben in diesen Wörtern meist kurz. In der altlateinischen Dichtung dagegen ist die ursprüngliche Länge der Endsilbe vielfach bewahrt, nämlich in folgenden Fällen:

α) bei den Pronominalformen *mēd* und *tēd* (Akk. und Abl.);

β) in der Endung -*ōr* der 3. Deklination (außer *memŏr*) und in den Verbalendungen auf -*ār* und -*ōr*, z. B. *auctŏr, stultiŏr, machinŏr, utār;*

γ) in folgenden auf -*t* auslautenden Verbalendungen:

-*āt* in der 3. Pers. Sing. Ind. Präsens, Imperfekt und Plusquamperfekt sowie im Konj. Präsens, z. B. *arāt, servabāt, monebāt, dederāt; dicāt, moneāt.*

-*ēt* in der 3. Pers. Sing. Ind. Präsens und Futur sowie im Konj. Präsens, Imperfekt und Plusquamperfekt, z. B. *splendēt, dicēt; dēt, essēt, servarēt, dixissēt.*

-*īt* in der 3. Pers. Sing. Ind. Präsens der 4. Konjugation und von *ire* und im Ind. Perfekt, im Konj. Präsens und Perfekt [1]), z. B. *scīt, curavīt, dixīt; sīt, fuerīt.*

Noch in klassischer Zeit erscheint gelegentlich Langmessung in *subiit* (darnach auch *petiit* bei Ovid) aus metrischem Zwang (aber *exiit* ‿‿‿).

Anmerkung 1: Von jeher kurz sind die Endsilben auf -*it* der 3. Pers. Sing. Ind. Präsens der 3. Konjugation, Ind. Futur und Futur II [1]), also *dicĭt, curabĭt, curaverĭt.*

Anmerkung 2: Schon Ennius hat die bei Plautus (außer bei Iambenkürzung) stets langen Endsilben auf -*t* bald lang, bald kurz gebraucht (*ponebāt* neben *mandebăt;* ebenso *clamŏr* neben *sudŏr*).

---

[1]) Vgl. dazu 14,1.

2. Auch im klassischen Latein stets bewahrt blieb die Länge in folgenden Fällen:

α) in einsilbigen Wörtern auf *r* und *l*, z. B. *cūr, fūr, Lār (Lăris), pār (păris)* und Komposita; *sōl, sāl (sălis)*;

β) in Wörtern, die durch Apokope (26) verkürzt wurden, z. B. *dīc, dūc;* in Zusammensetzungen mit *-ne* [1]) wie *ēn* (aus *est-ne*), *vīn* (aus *vīs-ne*), *quīn* und *sīn;* in Zusammensetzungen mit *-ce* wie *hīc* (Adv.), *hūc, hāc, hōc* (Abl. Sing. Mask. u. Neutr.), *istīc, istūc, istāc, istōc, illīc, illāc, illōc; hoc* (Nom. und Akk. Neutr. entstanden aus **hod-ce* über *hoc-c*) gilt metrisch immer als positionslang, darnach (analog) auch Nom. Sing. Mask. *hic*, das aber öfter (stets bei den alten Szenikern) auch die ursprüngliche Kürze beibehält.

II. Griechische Wörter.

17. a) Es steht Vokal im Auslaut.

-a ist im alten Latein lang als Nominativendung griechischer Männernamen auf *-ās*, z. B. *Sosiā* (Plautus Amph. 439), desgleichen im Vokativ, z. B. *Aeacidā* (Ennius ann. 179 Vahlen).

-e ist lang im Nominativ Singular Femininum, z. B. *Euterpē*, im Vokativ Singular, z. B. *Alcidē*, im Nominativ u. Akkusativ Plural Neutrum, z. B. *Tempē*.

-i ist kurz im Vokativ der 3. Deklination, z. B. *Pierĭ* und (bei griechischer Deklination) im Dativ Singular, z. B. *Minoidĭ* (Catull).

b) Es steht Konsonant im Auslaut.

1. Die Quantität von Endsilben, die auf *-n* auslauten, ist dieselbe wie im Griechischen:

-an: im Nominativ Singular lang, z. B. *Titān*, im Akkusativ Singular lang, z. B. *Electrān*, aber *Ossăn*.

-ēn ist immer lang.

-in: im Nominativ Singular lang, z. B. *delphīn*, aber kurz im Akkusativ Singular, z. B. *Eupolĭn* und im Dativ Plural, z. B. *Troasĭn*.

-on: im Nominativ Singular lang, z. B. *Ixiōn*, sonst kurz, z. B. *Rhodŏn* (Akkusativ Singular).

2. Endsilben auf *-s*:

---

[1]) aber *vidĕn* (aus *vidēsne*).

-*as* ist kurz im Nominativ Singular und Akkusativ Plural der 3. Deklination, z. B. *Pallăs, Cycladăs.*

-*es* ist kurz im Nominativ Plural und Nominativ Singular Neutrum, z. B. *Corybantĕs, cacoethĕs.*

-*os* ist kurz im Nominativ Singular der 2. Deklination und im Nominativ Singular Neutrum der 3. Deklination, z. B. *Delŏs, melŏs*, lang im Wort *herōs.*

-*us* ist lang im Genitiv Singular, z. B. *Sapphūs.*

3. Endsilben auf -*ēr* sind lang, z. B. *aēr, aethēr, cratēr.*

§ 4. Prosodische Sonderregeln.

Die Geltung der in den vorhergehenden Paragraphen aufgestellten Quantitätsregeln kann durch sprachliche Erscheinungen beeinträchtigt werden, die in gewissen Fällen entweder die Änderung des Umfangs von Wörtern oder der Quantität einer Silbe bewirken.

I. Elision (Synaloephe). Hiat. 6*)

18. In der lebendigen deutschen Sprache pflegt man nicht „habe ich", sondern „hab ich" zu sagen. Vor allem in der deutschen Poesie ist die Weglassung eines unbetonten e am Wortende vor vokalischem Anlaut die Regel; der erste Aufzug der „Jungfrau von Orleans" z. B. beginnt mit den Worten: „Nein, ich ertrag' es länger nicht." Das Gefühl, daß der Vokalzusammenstoß unschön sei, war bei Griechen und Römern noch viel stärker entwickelt als bei uns; daher gilt in der lateinischen Poesie (und rhythmischen Prosa) die Regel, daß beim Zusammenstoß eines Vokals am Wortende mit einem Vokal am Wortanfang Auslaut und Anlaut miteinander verschliffen werden (Synaloephe) [1]). In der klassischen Zeit wurde hiebei die Schlußsilbe (wahrscheinlich) nur kurz angeschlagen [2]); jetzt wird sie (nach einem schon in der späteren Kaiserzeit aufgekommenen Gebrauch) meist ganz unterdrückt (Elision) [3]).

---

[1]) συναλοιφή = Verschmelzung.
[2]) Daher kann im Bühnenvers Elision auch über Personenwechsel eintreten (bei Plautus sehr oft, seltener bei Terenz, bei Seneca nur einmal).
[3]) Von *ēlidere* = ausstoßen.

Elision muß auch dann stattfinden, wenn ein Wort auf Vokal ausgeht und das nächste mit *h* beginnt [1]); also ist in dem Vers von Terenz (Phormio 54)

    ămŏ te: ēt nŏn nĕglēxĭsse hăbĕō grătĭăm

sowohl das *e* von *te*, wie das letzte *e* von *neglexisse* wegzulassen.

Endlich findet Elision statt, wenn ein Wort auf -*m* endigt [2]) und das nächste mit Vokal beginnt; in diesem Fall werden die zwei letzten Laute des Wortes nicht ausgesprochen. In dem Vers von Phaedrus (1, 2, 4)

    lātrŏ ĭncĭtātūs iŭrgĭt cāusam ĭntŭlĭt

wird das -*o* von *latro* und die Endung -*am* von *causam* weggelassen.

Zusatz: Wenn auf ein Wort, das auf Vokal oder -*m* endigt, *est* oder *es* folgt, so wird, entgegen dem sonstigen Gebrauch, das *e* von *est* oder *es* ausgestoßen und das übrigbleibende -*st* oder -*s* verschmilzt mit der vorhergehenden Silbe, also *quaesitast, monendumst* (Aphaerese) [3]). Hier sei gleich erwähnt, daß besonders bei den altlateinischen Szenikern auch mit der Endung -*us* oft folgendes *est* oder *es* verschmilzt, also z. B. *fortunatus = fortunatus es* usw. Aehnlich erscheint *similest = similis est, qualest, talest=qualis est, talis est* [4]) und dgl. in einzelnen Fällen.

Anmerkung 1: Eine Wortstellung, durch die Elision eines langen Vokals oder Diphthongs notwendig wird, ist bei vielen klassischen Dichtern selten (besonders bei Ovid). Fast nie werden bei den klassischen Dichtern vor

---

[1]) *h* gilt den lateinischen Grammatikern nicht als *littera*, sondern lediglich als *signum aspirationis*.
[2]) Die auffällige Erscheinung, daß eine Silbe, die auf -*m* endigt, elidiert wird, ist dadurch zu erklären, daß auslautendes *m* nasal, vielleicht wie französisches nasales *m* in *compère*, gesprochen wurde. Auf alten Inschriften wird schließendes *m* (wie *s;* vgl. 27) in der Regel überhaupt nicht geschrieben. Vgl. auch Fn. 1 S. 16.
[3]) ἀφαίρεσις = Abstoßung eines Lautes.
[4]) Vgl. 27.

kurzem Vokal elidiert (*elisio longae in brevi*) einsilbige, auf langen Vokal, Diphthong oder auf -*m* endigende Wörter (außer solchen, die mit danebenstehenden in engerem Sinneszusammenhang stehen wie *me, te, se, tu, si, ni, de, cum, iam, nam, tam*), ferner werden bei den klassischen Dichtern fast nie iambische[1]), selten kretische und spondeische[1]) Wörter elidiert.

Anmerkung 2: Elision findet sich bei verschiedenen Dichtern, in verschiedenen dichterischen Perioden eines Dichters und in verschiedenen Dichtungsgattungen verschieden oft; z. B. ist Elision selten bei Ennius im Epos (je eine auf 6 Verse, dagegen in den scenica fast in jedem Vers eine), Ovid, Lucan, Statius, häufig bei Plautus, Terenz, Lucilius, Lukrez, Vergil. Bei diesen Dichtern finden sich öfter auch mehrere Elisionen in einem Vers (bei Plautus vier Elisionen in einem Senar z. B. im Trinummus 719, bei Terenz fünf Hecyra 100; ebenso im Hexameter bei Lukrez 1, 234; vier Elisionen bei Vergil Aeneis 9, 595); zuweilen dient Elisionenhäufung lautmalenden Zwecken wie bei Vergil Aeneis 3, 658 *monstr(um) horrend(um), inform(e), ingens, cui lumen ademptum*. Im 4. Buch der carmina und im carmen saeculare des Horaz ist — im Gegensatz zu den ersten drei Büchern der carmina — langer Vokal fast nie elidiert; in lyrischen Versmaßen ist Elision überhaupt seltner, in der Satire und bei den Komikern, wo die lebendige Umgangssprache anklingt, häufiger. Die Seltenheit der Elision in der Lyrik hängt auch damit zusammen, daß kurze Gedichte und kleine Verse oft sorgfältiger behandelt werden als lange Gedichte und umfangreiche Verse.

Anmerkung 3: Ueber die größere oder geringere Häufigkeit der Elision an gewissen Versstellen vgl. unten bei den einzelnen Versmaßen.

Anmerkung 4: Auch im Wortinnern können zwei nebeneinander stehende Vokale miteinander verschmolzen werden, z. B. *anteire* zu *antire*, *antehac* zu *anthac* (vgl. 20). Doch findet sich neben der verschmolzenen Form auch die unverschmolzene, so bei Plautus neben *circ(um)ire* (Pseudolus 899) *circumire* (viersilbig, Menaechmi 231).

---

1) Vgl. unten 85.

19. Auch beim Zusammenschluß von Wörtern **kann** unter gewissen Umständen Elision **unterbleiben** [1]): es tritt dann **Hiat** [2]) ein. Die Zulassung des Hiats war in der altlateinischen und klassischen Dichtung verschieden. Schon Cicero tadelt im orator 132 die allzu häufige Verwendung des Hiats durch die älteren Dichter. Besonders viele Hiate finden sich in den Versen des Plautus, von denen nicht wenige freilich erst durch Mängel der Überlieferung in den Text geraten sind. Als zulässig anerkannt werden der prosodische, metrische und logische Hiat.

A. Hiat bei den altlateinischen Szenikern.

1. Der prosodische Hiat ist sprachlicher Art.

a) Wie im Wortinnern bei einem Wort wie *circumire* [3]) die Verschleifung der Mittelsilben unterbleiben kann, ist Hiat auch bei einem auf *m* schließenden Monosyllabum in einer eng zusammengehörenden Wortgruppe möglich, z. B. Plautus Casina 612:

cŭm | hắc, cŭm | ístāc, cŭmque ămíca ĕtiắm tŭắ.

Ähnlich ist der Hiat im epischen Hexameter bei Enn. Annalen 332 Vahlen zu beurteilen:

ínsignítă fĕrĕ́ tūm mīlĭă mīlĭtŭm | óctō.

b) Nicht selten findet sich auch bei vokalisch schließenden einsilbigen Wörtern Hiat im Eingang iambischer [4]) Verse, z. B. Plautus Menaechmi 502

sī | áequōm fáciās míhi ŏdiŏ́sūs nĕ́ síĕs.

c) Unbestritten ist der prosodische Hiat bei einsilbigen auf *m* oder langen Vokal schließenden Wörtern in der Hebung [5]) oder einer solchen Senkung [5]), in der metrisch Doppelkürze notwendig ist. Der lange Vokal wird dabei nach der Regel *vocalis ante vocalem corripitur* gekürzt (schwacher Hiat):

α) in der Hebung: Plautus Poenulus 396

cắpiās rĕ́stim āc tĕ́ sŭspĕ́ndās cŭm | éro ĕt vóstrā fắmĭliā

---

[1]) Vgl. *animum advertere* neben *animadvertere*.
[2]) *hiātus* = „das Offenhalten des Mundes" zum neuen Tonansatz, der zur Aussprache des folgenden Vokals nötig ist.
[3]) Vgl. 18 Anm. 4.
[4]) Vgl. 35.
[5]) Vgl. 32.

Plautus Rudens 379

quid fắcĕrēt? sĭ | ămābắt, rŏgắs quĭd fắcĕrēt? ắdsĕrvắrēt

β) in der Senkung:

Plautus Rudens 937

sĕd hĭc rēx cŭm | ăcētō prắnsūrŭst (Anapäst) [1]

Plautus Pseudolus 800

sēd cŭr sĕdēbās ĭn fŏrŏ sĭ | ĕrắs cŏquŏs [2]).

d) Ebenso bei iambischen [1]) (oder pyrrhichischen [1]) auf
-*m* endigenden) Wörtern, z. B.

Plautus Mercator 181

tŭắm | ămīcām — quĭd ĕām? — vīdĭt. — vīdĭt? vāe mĭsĕrŏ mĭhĭ

Plautus Mercator 845

dŏmĭ | ĕrắt quŏd quāerĭtắbām. sĕx sŏdắlēs rḗppĕrī

Plautus Casina 724 (Anapäst)

tŭ | ămắs: ĕgŏ | ḗsŭrĭo ĕt sĭtĭŏ.

2. Der metrische Hiat, der sich an bestimmten Einschnitten innerhalb der Verse findet[3]) (ähnlich wie Vokal-
zusammentreffen bei Versschluß und -anfang nicht als Hiat
empfunden wird; vgl. 37, 2). Elision ist an den gleichen
Versstellen häufiger. Unbestritten ist dieser Hiat in der
Diärese [4]) von Langversen, z. B. Plautus Amphitruo 190

quōd mŭltă Thēbānŏ pŏplŏ | ăcĕrba ōbiĕcĭt fŭnĕră

Terenz Heautontimorumenos 688

ĭtă crĕdō; sĕd nūnc Clĭnĭă | ăgĕ dắ tē mĭhĭ vĭcĭssĭm.

Weniger sicher ist die Berechtigung in folgenden Fällen:
a) in der Penthemimeres und Hephthemimeres [5]), z. B.

Plautus Cistellaria 620

ĕgo ĭnspēctắvī | ĕrŭs hānc dŭxit pŏstĭbī

b) nach der 4. Hebung des Senars, z. B. Plautus Captivi 373

sĕquĕre. ĕm tĭbi hŏmĭnēm. grắtĭăm | hăbĕŏ tĭbī

c) nach der 6. Hebung des trochäischen Septenars,
z. B. Plautus Mercator 412

hĕrclĕ quī tū rĕctē dĭcĭs ĕt tĭbī | ādsĕntĭŏr.

---

[1]) Vgl. 35.
[2]) 5. Senkung muß lang sein nach 75.
[3]) An den gleichen Stellen ist auch *syllaba anceps* möglich.
[4]) Vgl. 36.
[5]) Vgl. 73.

3. Der logische Hiat hat seine Stelle zur Bezeichnung von Sinnesabschnitten. Er findet sich vor allem in folgenden Fällen: a) bei Personenwechsel in den Dramen der alten Szeniker, z. B. Plautus Mercator 749

ăbĭ! quĭd ăbĕām? st̄. ăbĭ! | ăbĕăm? | ăbĭ!

b) in der Sinnpause, z. B. Plautus Poenulus 1009

quĭd ĭn hánc vēnĭstĭs úrbĕm? | aūt quĭd quaērĭtĭs?

Dazu gehört auch Plautus Asinaria 756

ălĭénŭm | hŏmĭnĕm | ĭntrō mĭttāt nēmĭnĕm

(es wird ein Vertrag langsam vorgelesen).

4. Gestattet ist der Hiat schließlich vor und nach Interjektionen, z. B. Plautus Captivi 152

nūnc hăbĕ bŏnum ănĭmŭm. | éheū, | huīc, illúd dŏlĕt

Plautus Captivi 148

ălĭénŭs? égo ălĭénŭs ĭlli? āh | Hégĭŏ.

Vgl. auch Plautus Mostellaria 560

sēd Phĭlŏlăchĕtis sérvŏm | éccūm Tránĭŭm.

Anmerkung: Manche Hiate bei Plautus entfallen, wenn man die alte Sprachform einsetzt, z. B.

Persa 409 *pĕcúnĭaē | āccĭpĭtĕr, ávĭde ātque ĭnvĭdĕ*

ist zu lesen *pĕcūnĭāi* mit Elision von *i*.

Rudens 1090

únūm te óbsĕcro út tĕ | huīūs cómmĭsĕrĕscāt múlĭĕrĭs

ist einzusetzen *te<d>*[1]) *huius.*

B. Hiat in der klassischen Dichtung.

Es lassen sich Entsprechungen zu der ersten Gruppe feststellen:

1. Prosodischer Hiat:

a) Monosyllaba (in eng zusammengehörenden Wortgruppen wie in der Alltagsrede), z. B. Horaz Satiren 2, 2, 28

quám laūdás plūmá? cōctŏ nŭm | ădĕst hŏnŏr ĭdĕm?

mit Kürzung des schließenden langen Vokals, z. B.

Catull 97,1

nón (ĭtă mĕ dĭ | ămĕnt) quĭcquám rēférrĕ pŭtávī

b) bei iambischen Wörtern, z. B. Vergil Bucolica 3,79

ét lōngúm fōrmósĕ vălĕ vălĕ, | ĭnquĭt, Ĭŏllă.

---

[1]) Vgl. **27**.

2. Metrischer Hiat:
a) vor der Cäsur
α) im Hexameter (besonders bei Vergil), z. B. Vergil
Bucolica 3,63

$$m\acute{u}n\breve{e}r\breve{a}\ s\acute{u}nt\ l\bar{a}ur\acute{\imath} \mid \bar{e}t\ su\acute{a}v\breve{e}\ r\breve{u}b\acute{e}ns\ h\breve{y}\breve{a}c\acute{\imath}nth\breve{u}s$$

β) im Pentameter, z. B. Catull 76, 10

$$qu\acute{a}r\bar{e}\ c\acute{u}r\ t\bar{e}\ i\acute{a}m \mid \acute{a}mpl\breve{\imath}\breve{u}s\ \acute{e}xcr\breve{u}c\breve{\imath}\acute{e}s?$$

3. Logischer Hiat in Sinnpause, z. B. Vergil Aeneis 3, 606

$$s\acute{\imath}\ p\breve{e}r\breve{e}\acute{o}, \mid h\breve{o}m\breve{\imath}n\acute{u}m\ m\breve{a}n\breve{\imath}b\acute{u}s\ p\breve{e}r\breve{\imath}ss\breve{e}\ i\breve{u}v\acute{a}b\breve{\imath}t.$$

4. Hiat vor und nach Interjektionen, z. B. Horaz carmina 1, 1, 2

$$\acute{o} \mid \bar{e}t\ pr\bar{a}\bar{e}s\breve{\imath}dium\ \acute{e}t\ d\acute{u}lc\breve{e}\ d\breve{e}c\acute{u}s\ m\breve{e}\acute{u}m.$$

5. Dazu kommen Hiate nach griechischem Vorbild
a) in den Hebungen des Hexameters, namentlich der 5. (besonders bei Vergil)
α) bei griechischen Eigennamen, z. B. Vergil Aeneis 3, 74

$$N\acute{e}r\breve{e}\breve{\imath}d\acute{u}m\ m\bar{a}tr\acute{\imath} \mid \bar{e}t\ N\acute{e}pt\bar{u}n\acute{o} \mid \overline{Aega}\acute{e}\bar{o}$$

(Hiat nach *matri* gemäß 2 a α)

β) übertragen auf lateinische Wörter, z. B. Vergil Aeneis 9, 477

$$\acute{e}v\breve{o}l\breve{a}t\ \acute{\imath}nf\bar{e}l\acute{\imath}x\ \bar{e}t\ f\acute{e}m\breve{\imath}n\breve{e}\breve{o} \mid \breve{u}l\breve{u}l\acute{a}t\bar{u}$$

b) „schwacher Hiat" erfolgt unter Kürzung des langen Endvokals eines kretischen [1]) oder kretisch endigenden [2]) Wortes (vgl. 1 a und b); z. B. Cicero Aratea Fragment 24

$$h\acute{o}c\ m\bar{o}t\acute{u}\ r\breve{a}d\breve{\imath}\acute{a}nt\breve{\imath}s\ \breve{E}t\acute{e}s\breve{\imath}\widetilde{ae} \mid \acute{\imath}n\ v\breve{a}d\breve{a}\ p\acute{o}nt\bar{\imath}$$

Vergil Georgica 1,281

$$t\acute{e}r\ s\bar{u}nt\ c\acute{o}n\bar{a}t\acute{\imath} \mid \bar{\imath}mp\acute{o}n\breve{e}r\breve{e}\ P\acute{e}l\breve{\imath}\breve{o} \mid \acute{O}ss\breve{a}m$$

c) singulär (in Übersetzung eines griechischen Verses) Vergil Georgica 1, 437 [3])

$$Gl\bar{a}uc\bar{o} \mid \acute{e}t\ P\breve{a}n\breve{o}p\acute{e}\widetilde{ae} \mid \breve{e}t\ \acute{I}n\bar{o}\bar{o}\ M\breve{e}l\breve{\imath}c\acute{e}rt\widetilde{ae}.$$

Die Hiatscheu ist auch bei Dichtern, die in der Anwendung der Elision zurückhaltend sind (18), keineswegs geringer geworden. Weit ausgedehnt ist der Hiat erst in der spätlateinischen rhythmischen Dichtung (z. B. bei Commodian [vgl. 181], wo Elision nicht mehr eintritt).

---

[1]) Vgl. **35**.
[2]) Solche Wörter könnten im Hexameter nur unter Anwendung einer wenig beliebten (vgl. 18 Anm. 1) Spielart der Elision untergebracht werden.
[3]) Vgl. gr. πλάγχθη ἐπεί.

II. Kontraktion [1]) und Synizese [2]).

20. Wenn zwei Vokale im Wortinnern zusammen-stoßen, werden sie oft zu einem langen Vokal oder Diphthong zusammengezogen; z. B. ist *nōn* aus *ne oinom* entstanden. Auch zwei durch *h* [3]) getrennte Vokale werden kontrahiert; so kennt auch die Prosa (bestätigt durch Inschriften) *mi* für *mihi*, *nil* für *nihil*. Die aus der lateinischen Lautlehre allge-mein bekannte Lauterscheinung hat in der Dichtung Folgen für die Silbenmessung hervorgerufen.

21. In den Versen wird *dēst, dērat* u. ä. gemessen, wenn auch die Handschriften die offenen Formen *deest, deerat* bieten. Die Verbindung *e* und *i* ergibt einsilbig *ei: dein(de)* (z. B. Plautus Trinummus 945), *deicere* (Horaz Satiren 1, 6, 39), *reice* (Vergil Bucolica 3, 96); bei den Daktylikern (z. B. Lu-krez 4, 648) wird stets *proin(de)* gemessen (aber im iambischen Trimeter *prŏĭnde*, z. B. bei Seneca Agamemnon 141). — Ferner wird *si vis* unter Wegfall von *v* zu *sīs* (Plautus Asinaria 683), *obliviscendi* zu *obliscendi* (Plautus Miles 1359) usw.

22. Kontraktion kann nicht stattfinden zwischen einem **kurzen** Vokal und einem darauffolgenden **langen** von **verschiedener** Klangfarbe; aber mit dichterischer Freiheit können in Versen die in der Prosa auf zwei Silben verteilten Vokale zu einer einzigen verschmolzen werden (Synizese).

1. Im **Altlatein** ist oft die Frage schwer zu beantworten, ob Iambenkürzung [4]) oder Synizese anzunehmen ist. **Sicher** ist die Synizese da, wo Iambenkürzung sprachwidrig wäre, z. B. *ēamus* nicht **ĕămus*, ebenso *fūisti, fūisse, dēorum; mēō* konnte neben *mĕŏ, dūō* neben *dŭŏ* nach Betontheit im Satze geschieden sein.

Auch sonst begegnen **offene** und **verschmolzene** Formen nebeneinander. Die Genitive *quoius, eius, huius* werden bei Plautus sowohl als Trochäus (z. B. Amphitruo 108) als auch einsilbig (z. B. Plautus Mostellaria 640 *quoius modi*) ge-

---

[1]) Von *contrahere* = zusammenziehen.
[2]) συνίζησις „das Zusammensitzen", übertragen Zusammenziehung nebeneinanderstehender Vokale.
[3]) Vgl. Fn. 1 S. 14.
[4]) Vgl. unten 28.

messen. — Bei Plautus findet sich *hūic* (Amphitruo 702), *ēī* (Bacchides 525; öfter auch noch bei Lukrez) neben gewöhnlichen einsilbigen *huic*, *ei*, *cui*, wie es der Prosodie der klassischen Zeit entspricht. Seit Ovid begegnet iambisches *ĕī*, seit Seneca (Agamemnon 146 und Troades 852) *cŭī*, bei Statius (silvae 1, 1, 107) zweisilbiges *huic*. 7*)

Wie in den letzteren Formen kann auch sonst eine historische Entwicklung festgestellt werden. Die Endung im Genitiv Singular der Substantive auf *-ius* und *-ium* ist in der Zeit der Republik stets einsilbig *-ī*, z. B. *auxilī*, *flagitī*. Erst seit Beginn der Kaiserzeit begegnen analog zu den übrigen Genitiv-Bildungen der 2. Deklination geformte Genitive auf *-iī* (nach dem Muster *domin-us: domin-ī* nun auch *fluvi-us: fluvi-ī*). Früher ist Genitiv auf *-iī* bei den Adjektiven festzustellen, z. B. *patriī sermonis* (Lukrez 1, 832). Ähnlich lautet der Nominativ und Dativ (u. Ablativ) Plural von *deus* im Altlatein stets einsilbig *dī* bzw. *dīs*. Erst seit Catull erscheinen die von *deus* aus neugebildeten zweisilbigen Formen *deī* und *deīs*.

2. In der klassischen Dichtung ist die Synizese auf folgende Fälle beschränkt:

a) auf die Kasus von *idem*, wenn der 2. Vokal lang ist, z. B.

   hóc ēodém férró stíllět ŭtérquĕ crŭór
   (Properz 2, 8, 26);

b) auf Adjektive und Substantive, die auf *eus*, *ea*, *eum* endigen, z. B.

   aúreā cómpŏsŭtt spōndá mĕdĭámquĕ lŏcávtt
   (Vergil Aeneis 1, 698);

c) auf die Wörter *deorsum*, *seorsum*, *prout*, *quoad*, z. B.

   páscī lĭbátts dăpĭbús; prōut cūiquĕ lĭbídō est
   (Horaz Satiren 2, 6, 67);

d) auf griechische Wörter, z. B.

   dégĕnĕrás? scĕlŭs ést pĭĕtás in cóniŭgĕ Téreō
   (Ovid Met. 6, 635).

23. Die Vokale *i* und *u* können durch Synizese **konsonantisch** (bzw. halbvokalisch) werden. Die Römer unterschieden wie wir zwischen *i* und *j*, obwohl der Unterschied schriftlich ebensowenig zum Ausdruck kam wie der zwischen *u* und *v* [1]). Sie sprachen also z. B. *praem-i-um*, dagegen *jam*, nicht *i-am*.

Es kam nun häufig vor, daß in der Sprache ein ursprüngliches *i* zu *j*, ein *u* zu *v* wurde [2]); diese Tatsache machen sich die Dichter zunutze, indem sie in einem Wort, das sonst nicht in den Vers geht und in dem kurzes *i* und *u* nach einem Konsonanten und vor einem Vokal steht, *i* zu *j* und *u* zu *v* werden lassen. Eine vorangehende kurze Silbe wird dann durch Position gelängt.

Altlateinisch wird stets *lārua* gemessen, bei Horaz Satiren 1, 5, 64 *lārva*, die Form *mĭluus* ist auch in der klassischen Dichtung die gewöhnliche, aber *mĭlvī* bei Ovid Halieutica 95. So findet sich weiterhin *principium=principjum, abiete=abjete, parietibus=parjetibus, abiegni=abjegni;* ferner wird *i* zu *j* nach langer Silbe im letzten Fuß des Hexameters (z. B. *ōmnĭă* zu *ōmnjă; Ăntĭŭm* zu *Ăntjŭm*); bei Vergil Georgica 1, 482 beginnt der Hexameter mit den Worten *fluviorum* (zu messen als *flūvjōrŭm*) *rex;* der Ausruf *ĭō* wird zu *jō.* Analog wird *gĕnŭă* zu *genvă, arcŭătŭs* zu *arquătŭs, tĕnŭĭă* zu *tĕnvĭă* [3]) u. a.

Bei den Komposita von *iacere* ist der *i*-laut meist *ji* zu lesen, z. B. *inĭcĭt=injĭcĭt* (mit Positionslänge). Seltener sind Formen mit Kurzmessung des Praefixes, wo der *i*-laut vokalisch ohne *j* zu lesen ist. Sie begegnen schon in der altlateinischen Dichtung, z. B. bei Plautus Menaechmi 555 *ăbĭcĭăm*, dann wieder seit Moretum 94 *ăbĭcĭt* und Manilius 4, 44 *ădĭcĕ.*

Kontrahierte Formen wie *deicere, reice* s. 21.

III. Diärese [4]).

24. Es kann auch der umgekehrte Fall zu **23** eintreten, daß konsonantisches (bzw. halbvokalisches) *i* (*=j*) und

---

[1]) Die Orthographie unserer gedruckten lateinischen Texte, in denen zwar *u* von *v*, nicht aber *i* von *j* geschieden wird, entspricht nicht den lautlichen Verhältnissen. — Halbvokalisches *v* klang ursprünglich wie englisches *w* (z. B. in *water*), seit dem ersten Jahrh. n. Chr. wie deutsches *w* (in *Wasser*).

[2]) Vgl. den umgekehrten Fall **24**.

[3]) Ausnahmsweise *tĕnŭj(a)* bei Statius, z. B. Thebais 5, 597.

[4]) διαίρεσις = Auseinanderziehung. Sachlich ist diese Diärese von der metrischen zu unterscheiden, von der **36** gehandelt wird.

u (=v) bei Dichtern **vokalisch** gebraucht wird. *Vĕĭus,*
Gāĭus, kann dreisilbig, *Tarpēĭa* viersilbig gemessen werden,
ebenso *sŭādeo* viersilbig, *sŏlŭo, sĭlŭae* dreisilbig (auffallend
Lukrez 6, 552 *ăqŭāe,* 6, 1072 *ăqŭāi* [1]).

Die griechische Endung *-eus* wird zuweilen zweisilbig gemessen, also z. B. *Orphĕŭs* (Culex 117).

Diaerese von *ĕĭ, cŭĭ, hŭĭc* s. 22.

IV. Synkope [2]).

25. Ein **kurzer** Vokal in der Mitte eines Wortes wird
zwischen Konsonanten zuweilen **ausgestoßen,** vor allem
dann, wenn einer der den Vokal einschließenden Konsonanten eine liquida [3]) ist, also *surpite* statt *surripite, ardus*
statt *aridus, puertia* statt *pueritia, coplata* statt *copulata*
u. dgl.

V. Apokope [4]).

26. Auch am Ende eines Wortes kann ein Vokal wegfallen,
wenn das nächste mit Konsonant beginnt. Aus der Prosa
ist bekannt *ac* für *atque, nec* für *neque, neu* für *neve, seu* für
sive vor Konsonant; in der Dichtung kommen antekon-
sonantische Formen auch vor Vokal vor. Bei den altlateinischen Szenikern findet sich ferner vor Konsonant *nemp',*
quipp', ind', und', proin, dein, ill', z. B. (Plautus Trinummus 328):

    bĕnĕ vŏlo ĕgo illĭ făcĕrĕ, sĭ tū nŏn nĕvĭs. nēmp' dĕ tŭŏ?

VI. Abfall von Endkonsonanten.

27. Wir haben soeben (unter 26) gesehen, daß gewisse
Wörter vor Konsonant den Schlußvokal abwerfen können.
Aehnlich wird im älteren Latein und in der Volkssprache
häufig der Endkonsonant *-s* nach kurzem Vokal vor konsonantischem Anlaut weggelassen [5]), was oft für die Quantität
im Vers von Wichtigkeit ist. Noch bei Catull (im ersten

---

[1]) Vgl. Fn. 1 S. 5.
[2]) *συγκοπή* = „das Zusammenschlagen", die Ausstoßung.
[3]) Siehe Fn. 4 S. 6.
[4]) *ἀποκοπή* = „das Abschlagen", das Wegfallen.
[5]) Oft auf alten Inschriften (vgl. Fn. 2 S. 14) im Nom. Sing. auf
-ŏs; vgl. auch Aphärese bei *similest* u. ä. (18 Zusatz).

Jahrhundert vor Christus) ist *dabi' supplicium* statt *dabis supplicium* zu lesen (116,8). Beispiel aus Plautus (Asinaria 469):

nēmo áccĭpĭt, te āuférr dŏmum ábscēde hínc, mŏléstŭ' nĕ sīs.

Auch vor der Fragepartikel *-ne* kann schließendes *-s* nach kurzem Vokal wegfallen, z. B. Plautus Asinaria 385

nēmo étĭām tétĭgĭt. sánŭn és?

Im ältesten Latein findet sich bei Ablativen (z. B. *sententiad, agrod, bovid*), Adverbien (z. B. *extrad, facilumed*), Imperativen (z. B. *violatod*) ein Endungs-*d*, von dem sich bei Plautus ein letzter Rest in *mēd, tēd* (statt *me, te*) gehalten hat; durch dieses *-d* wird die Elision des späteren Endvokals verhindert. Seit Anfang des 2. Jahrhunderts vor Christus schwindet jede Spur des Endungs-*d*.

VII. Iambenkürzung. 8*)

28. Eine Erscheinung von außerordentlich weitreichender Bedeutung ist die sog. Iambenkürzung. Sie geschieht im Vers nach folgender Regel:

Eine iambische Silbenfolge (Kürze + Länge), die entweder 1. den Ton auf der Kürze trägt oder der 2. die tontragende Silbe unmittelbar folgt, kann pyrrhichisch (d. h. als Doppelkürze) gemessen werden, jedoch nur dann, wenn sie entweder ganz in der Hebung[1]) oder ganz in der Senkung[1]) steht (sog. Iambenkürzungsgesetz, abgekürzt=IKG). Beispiele s. unten.

Die Iambenkürzung ist mit Sicherheit nur in den Versen der altlateinischen Dichtung zu erkennen. Es darf aber bestimmt angenommen werden, daß es sich in Wirklichkeit um eine sprachliche Erscheinung handelt. In der Alltagsrede wurden bei schnellem Sprechen häufig gebrauchte iambische Wörter wie *mĭhĭ, tĭbĭ, sĭbĭ, ĭbĭ, ŭbĭ, nĭsĭ, ĕgō, mŏdō, cĭtō* oft pyrrhichisch; einige von ihnen, wie *bĕnĕ, mălĕ, quăsĭ*, die ursprünglich einmal lange Endsilbe hatten, sind schon bei Plautus immer pyrrhichisch.

In der altlateinischen Dichtung ist die Wirksamkeit der Iambenkürzung in künstlicher Weise auch auf andere Fälle ausgedehnt worden (gelegentlich z. B., wie es scheint, auch bei Personenwechsel), indem durch dieses Mittel größere Vers-

---

[1]) Vgl. unten 32.

bequemlichkeit erzielt werden konnte (metrische Iamben-kürzung).

Es ist nicht auffällig, daß Plautus und Terenz, die in ihren Komödien den Ton der Alltagssprache wählen, die Iambenkürzung viel häufiger anwenden, als Dichter, die in hohem Stil schreiben (Ennius in den Annalen; aber zwischen Tragödien und Komödien besteht in der Handhabung der Iambenkürzung kein Unterschied).

Seit Ende des 2. Jhd. v. Chr. ist die Wirksamkeit der künstlichen Iambenkürzung erloschen (über die Fortwir-kung in der Endsilbenkürzung s. 29).

Die Iambenkürzung ist nicht etwa nur auf iambische Wörter beschränkt; auch einsilbige lange Wörter, sowie lange Silben in Wortanfang und Wortinnern können nach vorausgehender Kürze gekürzt werden.

Beispiele für Iambenkürzung:

(Der Vokal einer durch Iambenkürzung verkürzten Silbe wird mit ˘ bezeichnet).

A. Iambenkürzung in einem Wort:
1. Iambische Silbenfolge bei zweisilbigen Wörtern:
   a) bei Naturlänge:
   α) mit Ton auf der Kürze:
Plaut. Epid. 618 *hăbĕ bŏnum ănĭmŭm!*
   β) mit folgender tontragender Silbe:
   Plautus Captivi 167 *hăbĕ mŏdŏ bŏnum ănĭmŭm!*
   b) bei Positionslänge: Plautus Curculio 474
   symbŏlārūm cŏllātŏrēs ăpŭd fŏrŭm pĭscărĭŭm
   Plautus Casina 35
   sĕnĕx hĭc mărītŭs hăbĭtăt; ĕi | ēst fĭlĭŭs.
2. Iambische Silbenfolge in längeren Wörtern:
   a) bei Positionslänge:
   Plautus Curculio 38 *iŭvĕntŭte et pŭĕrĭs lĭbĕrĭs*
   Terenz Hautontimorumenos 71
   hāec nŏn vŏlŭptătī tĭbĭ ĕssĕ sătĭ' cērtŏ scĭŏ
   b) Selten findet Kürzung einer naturlangen Silbe statt
   Plautus Mercator 846
   vĭtam ămīcĭtĭăm, cĭvĭtătēm, lāetĭtĭăm, lūdŭm, iŏcŭm
   (Leo mißt *ămīcĭtĭăm cī(vi)tătem* nach 21).

Terenz Phormio 902
quĭd ád me ibátīs? — rĭdĭcŭlŭm! — vĕrēbámĭnĭ.

Kürzung vom Typus ·◡ ◡ ◡ (mit Ton auf der Kürze bei langer Mittelsilbe) ist nur ausnahmsweise gestattet (bei naturlangen Silben überhaupt nicht)

Plautus Casina 132 *cŏnclūdĕre īn fĕnĕstrām fĭrmĭtĕr*
Plautus Stichus 520
út quōīque hŏmĭnī rĕs părátāst, pĕrĭnde ămĭcīs ŭtĭtŭr.

Regelmäßig wird gemessen *mĕă vŏlŭptās* (z. B. Plautus Asinaria 664), aber *vŏlŭptás mĕă* (z. B. Plautus Miles 1346).

3. Die Kürzung der Endsilbe eines längeren Wortes ist (abgesehen von Fällen engeren Wortzusammenschlusses wie *nĕscĭŏ quis*) fast nur auf Anapäste beschränkt [1]):

a) mit Ton auf der Kürze: Plautus Trinummus 835
circŭmstābánt nāvĕm tūrbĭnĕs vēntĭ

b) mit folgender tontragender Silbe: Plautus Cistellaria 210
ĭtă nŭbĭlăm mĕntem ănĭmi hăbĕō.

B. Iambenkürzung bei zwei eng zusammengehörenden Wörtern oder Wortteilen:
Die gekürzte Silbe ist
1) ein einsilbiges Wort
   a) nach vorausgehendem einsilbigem Wort:
Terenz Phormio 296

nōn fŭĭt nĕcĕsse hăbĕrĕ; sĕd ĭd quōd lĕx iŭbĕt

   b) nach elidiertem Wort: Plautus Bacchides 491
sătĭn ūt quĕm tu hăbĕás fĭdĕlēm tĭbi aut quōī crĕdās nĕscĭás.

2) Wortanfang
   a) nach vorausgehendem einsilbigem Wort:
Plautus Captivi 83
ĭn ŏccŭltō mĭsĕri vĭctĭtánt sūcŏ sŭŏ
Terenz Phormio 776
ĭtă făcĭam ūt frătĕr cĕnsŭĭt, ŭt ŭxŏrem eĭus hŭc āddŭcăm

   b) nach elidiertem Wort:
Plautus Aulularia 673
nūnc hŏc ŭbi ăbstrŭdām cŏgĭtŏ sŏlŭm lŏcŭm
Terenz Eunuchus 506 *dŏmi ădsĭtĭs făcĭtĕ.*

Vgl. auch Ter. Haut. 71 unter A 2 a.

---

[1]) Verbot eines „zerrissenen Anapästs" (bzw. Daktylus) in Iamben und Trochäen; vgl. **77, 85.**

Ueber häufigere und seltenere Verwendung bzw. Fehlen der Iambenkürzung in einzelnen Versmaßen bei Plautus vergleiche u. 78, 108, 114, 119.

VIII. Endsilbenkürzung. 9*)

29. Oben (15 und 16) ist gezeigt worden, daß viele von den ursprünglich meist langen Quantitäten der Endsilben im Lauf der Zeit sich verkürzt haben. Diese Endsilbenkürzung ist von der Iambenkürzung zu unterscheiden, obwohl sie von der Iambenkürzung ihren Ausgang nimmt. Deutlich läßt sich das bei den Wörtern auf -o beobachten. Kurzmessung von -o im Nom. Sing. der 3. Dekl. und der 1. Pers. Sing. von Verbalformen findet sich in der älteren Sprache nur in iambischen (oder iambisch endigenden) Wörtern z. B. *dŭŏ* neben *āmbō*. Seit Beginn der römischen Kaiserzeit wird die Kurzmessung zuerst seltner, seit dem Tragödiendichter Seneca häufiger auch auf Wörter anderer metrischer Geltung übertragen, z. B. *hŏmŏ* schon Lukrez, *mēntĭŏ* Horaz Satiren 1, 4, 93, aber *nēmŏ* erst Ovid Met. 15, 600; *vŏlŏ* und *nēscĭŏ* schon Catull, *vĕtŏ* und *dīxĕrŏ* Horaz (sat. 1, 1, 104 bzw. 1, 4, 104), aber *fĭndŏ* erst Properz 3, 9, 35, *tōllŏ* Ovid amores 3, 2, 26; Imp. *caēdĭtŏ* schon Properz 4, 5, 77, aber *respondētŏ* erst Martial 5, 36, 6. Abl. Sing. der *o*-Stämme werden erst seit Seneca kurz gemessen, z. B. Troades 264 *vincendŏ*, Iuvenal 3, 232 *vigilandŏ*, Carmina epigraphica 543, 4 (Anfang des 3. Jhd.) *Saturnŏ*. Weitere Beispiele: *octŏ* bei Iuvenal 7, 142, *vērŏ*, *quandŏ*, *sērŏ*, *ergŏ* und *porrŏ* bei Statius, *immŏ* bei Martial und Iuvenal. Kürzung in iambischen Ausgängen bei anderen Endungen findet sich seltner, z. B. beim Imp. der 2. Konj. in den häufig vorkommenden Formen *căvĕ* und *vălĕ* bei Catull und Vergil; Imp. *commŏdă* zweifelhaft bei Catull 10, 26; *rŏgăs* bei Persius 5, 134; *pŭtă* (=wie zum Beispiel; also nicht mehr als Imp. empfunden) Priapea 37, 6.

IX. Kürzung durch Tonanschluß [1]). 10*)

30. Einige einsilbige lange und zweisilbige spondeische Wörter können (müssen nicht!) gekürzt werden, wenn sie in

---

[1]) Unter Tonanschluß ist zu verstehen die Verbindung des Akzents zweier ursprünglich selbständiger Wörter; z. B. *sĭquĭdĕm* aus *sĭ quĭdĕm*.

nahe Verbindung mit einem folgenden Wort, besonders *quidem*, treten, also *siquidem* neben *siquidem*; ebenso mit Doppelmessung *tŭquidem, tĕquidem, mĕquidem, quandŏquidem;* auch positionslange Silben werden so bei den alten Szenikern gekürzt, z. B. *nŭmquid, ĕcquis.* — Messung *quăsi* geht auf ursprüngliches *quăm si* zurück.

Auch hier handelt es sich um eine sprachliche Erscheinung, die sich bei einigen Wörtern durchgesetzt hat (z. B. *hŏdiĕ* aus *hōc* und *diĕ*), in anderen gleichartigen Fällen aber nicht wirksam wurde.

X. Metrische Dehnung. 11*)

31. An gewissen Stellen, vor allem in den männlichen Hauptcäsuren des Hexameters [1]), aber auch in andern Hebungen [2]), erlauben sich viele Dichter seit Ennius dem Versmaß zuliebe, oft im Anschluß an das Vorbild Homers, eine kurze Endsilbe statt einer Länge zu setzen, z. B.

spésque hŏmĭnúm primāe mātrĭs | hăbĭtávĭmŭs álvō
(Ovid Metamorphosen 15, 217; vor der Cäsur steht kurze Endsilbe in der Hebung).

lĭmĭnăquĕ | laūrúsquĕ dĕĭ | tōtúsquĕ mŏvérĭ
(Vergil Aeneis 3, 91; in der zweiten Hebung steht eine kurze Endsilbe).

iăm vĕnĭĕt vīrgó, iăm dĭcĕtúr | hўmĕnāeŭs
(Catull. 62, 4; in der fünften Hebung steht eine kurze Endsilbe).

Oft handelt es sich um Endsilben, die im Altlatein (16) regelmäßig lang waren, z. B.

ómnĭă víncĭt ămór, | ēt nós cēdámŭs ămórī
(Vergil Bucolica 10, 69).

Zuweilen wird auch eine andere Silbe aus Versnot gelängt (beim Aufeinanderfolgen von mehr als zwei kurzen Silben in einem Wort im Hexameter), z. B. *Ītalia* statt *Ĭtalia* (aber *Ĭtalia* bei Lucilius 825 in einem Senar); *Asia* hat gewöhnlich drei Kürzen, ist aber bei Vergil (z. B. Aeneis 7, 701) daktylisch, also *Ásĭă.* Das Wort *rĕligiō* kann im daktylischen Versmaß nur mit künstlicher Dehnung der ersten Silbe (geschrieben *relligio*) verwendet werden.

---

[1]) Vgl. unten **53.**   [2]) Vgl. unten **78.**

28

3. Kapitel.

Wesen des lateinischen Verses.

§ 1. Hebung und Senkung.

32. Der Rhythmus wird, wie wir oben 3 gesehen haben, im quantitierenden lateinischen Vers durch den geordneten Wechsel von langen und kurzen Silben bestimmt. In der modernen Theorie ist es üblich geworden, einen Versteil, in dem ausschließlich (wie beispielsweise im daktylischen Versmaß) oder überwiegend eine Länge steht, als Hebung und einen Versteil, der in der Regel durch eine oder zwei Kürzen (die durch eine Länge ersetzt werden können) gebildet wird, als Senkung zu bezeichnen.

Die Terminologie beruht auf einer falschen Anwendung von Bezeichnungen, die sich bei den Griechen finden. Diese gebrauchten die Ausdrücke Arsis [1]) und Thesis [2]) vom Aufheben und Niedersetzen des Fußes (oder des Fingers oder eines Stabes) zur Bestimmung des schwachen oder starken Taktteiles. Spätlateinische Metriker übertrugen die Bezeichnung auf die Erhebung *(sublevatio)* und Senkung *(positio)* der Stimme. Darnach übernahmen Bentley und Hermann [3]) die Ausdrücke Arsis für den starken und Thesis für den schwachen Taktteil.

In dem oben 5 zitierten Vers

gĕmĕllĕ Cástŏr ĕt gĕmĕllĕ Cástŏrĭs

gibt es sechs Senkungen und sechs Hebungen, die nach den im vorigen Kapitel behandelten Regeln der Prosodie durch sechs Kürzen und sechs Längen ausgefüllt werden. Beginnt ein Vers mit der Senkung, so sagt man, er habe steigenden, beginnt er mit der Hebung, so sagt man, er habe fallenden Rhythmus.

§ 2. Iktus [4])·und Akzent. 12*)

33. In der akzentuierenden Dichtung bezeichnet Hebung den betonten und Senkung den unbetonten Versteil, doch

---

[1]) ἄρσις = Hebung.
[2]) θέσις = Senkung.
[3]) S. Literaturverzeichnis S. 138.
[4]) *ictus* = „(Takt)schlag"; Markierung des starken Taktteils.

kommt gelegentlich auch Widerspruch zwischen Wort- und Versakzent vor. Kaum empfunden wird die Diskrepanz im gesungenen Vers, wenn neben einer haupttonigen Silbe auch eine nebentonige oder unbetonte in den starken Taktteil zu stehen kommt, z. B. „Freude, schöner Götterfúnkén, ... Himmlische.'' Auch in der Rezitation können Widersprüche bis zu einem gewissen Grad durch Verschiebung des Verstones ausgeglichen werden. „Nié wird der Brautkranz deine Locke zieren'' (Schiller, Jungfrau von Orleans, Prolog 4. Auftritt Vers 31). Doch werden krasse akzentwidrige Versbetonungen im Deutschen als Mangel empfunden („In Weimar únd in Jenä'').

Im quantitierenden lateinischen Vers wurde Widerspruch zwischen Wort- und Versakzent im allgemeinen [1] nicht als störend angesehen. In beiden Sprachen gelten ja auch verschiedene Betonungsgesetze. Während im Deutschen der Wortakzent an die Stammsilbe gebunden ist, kann im Lateinischen nach dem mechanischen Dreisilbenakzent die die Bedeutung tragende Wortsilbe bald betont, bald unbetont oder nebentonig sein, z. B. *lábor: labóris; óro, orábam, òrabámus.* Das mochte auch eine Versbetonung *orát* für erträglich scheinen lassen. Übereinstimmung herrscht in beiden Sprachen darin, daß die Betonung auch vom Satz- und Sinneszusammenhang abhängt (Betonung im Gegensatz; Wortgruppenakzent, z. B. *propter amórem; sí quis;* Verwendung eines Wortes innerhalb eines Satzes oder in Pausastellung).

Das Wesentlichste ist, daß in der Art der Iktierung zwischen akzentuierender und quantitierender Dichtung ein Unterschied besteht. Es gibt Theoretiker, die eine dynamische Iktierung im quantitierenden Vers überhaupt leugnen; doch ist es zweifelhaft, ob ein reiner Dauerrhythmus ohne irgend eine Hervorhebung des starken Taktteiles möglich ist. Richtig ist, daß es nicht angängig ist (wie das gewöhnlich geschieht), lediglich nach dem Versiktus, d. h. also entsprechend den Quantitäten, zu betonen und etwa so zu lesen (Vergil Aeneis 2, 3)

infandúm, regína, iubés renováre dolórem.

---

[1] Ausnahme z. B. 76 c.

Mit ähnlichem Recht könnte man in Schlegels Ueber-
setzung des „Macbeth", Akt 2, Szene 1 alles dem Versakzent
unterordnen und lesen

Mordét den Schláf. Ihn, dén unschúldgen Schláf,
statt zwischen Versakzent und Wortakzent auszugleichen.

Auch im lateinischen Vers blieb die Wortbetonung nicht
unbeachtet. In welcher Weise sie berücksichtigt wurde, ist
umstritten, weil die Meinungen über das Wesen des lateinischen Wortakzentes auseinandergehen. Die romanischen Forscher nehmen für die lateinische Sprache fast allgemein wie
für das Altgriechische musikalischen Akzent an, bei dem
die betonte Silbe in einer höheren Tonlage ausgesprochen
wird; die meisten deutschen, englischen (und amerikanischen)
Forscher sprechen sich für einen Intensitäts- oder exspi-
ratorischen Wortakzent wie im Deutschen aus, bei dem die
akzentuierte Silbe mit Tonverstärkung hervorgebracht
wird. Einige suchen zwischen den gegensätzlichen Anschau-
ungen zu vermitteln, indem sie sich darauf berufen, daß
exspiratorischer Druck und musikalische Tonerhebung in
allen Sprachen bis zu einem gewissen Grad verbunden sind. 13*)
Übereinstimmung herrscht darüber, daß in der späteren
Kaiserzeit (etwa seit dem 3. oder 4. Jhd. n. Chr.) der Inten-
sitätsakzent in der lebenden Sprache die Regel war [1]).

Für die Praxis ergibt sich die Folgerung, daß im lateinischen Vers „der wohl mit Tonerhöhung verbundene Wortakzent ebenso gut wie der bloße tonverstärkende Iktus im
rhythmischen Vortrag zur Geltung kommen konnte". 14*) Der
oben zitierte Vers wäre demnach zu lesen:

ínfàndúm, rĕgínă, iŭbés rĕnŏvárĕ dŏlórĕm.

---

[1]) Seit dieser Zeit beginnt auch die akzentuierende Dichtung im
Lateinischen. Ebenso finden sich von da an auch Bemerkungen
römischer Metriker über den Unterschied der Wortbetonung in Prosa
und Versen. — Den Wechsel der Betonung sucht man auch so zu
erklären: der indogermanische musikalische Akzent sei im Lateinischen in der Frühzeit (durch etruskischen Einfluß ?) durch Starkton
auf der Anfangssilbe (vgl. Fn. 4 S. 2) abgelöst worden. Im historischen
Dreisilbenakzent sei in den niederen Bevölkerungskreisen der dynamische Betonungscharakter geblieben, während der sermo urbanus
nach griechischem Vorbild mehr die Erhöhung des Tones gegenüber
der Verstärkung hervortreten ließ; gegen Ende des Altertums sei der
Starkton der unteren Bevölkerungsschicht wieder allgemein durch-
gedrungen.

Der rhythmische Ablauf der Verse wurde durch den Wortakzent so wenig beeinflußt wie etwa der Rhythmus der Musik durch die Tonhöhe der Melodie [1]). Bei genauer Beachtung der Silbenquantitäten bleibt einerseits der Versrhythmus durch den Iktus gewahrt, andrerseits der Sinn durch die Betonung der Prosa deutlich erkennbar.

Für das Erkennen des Rhythmus ist das Skandieren [2]), d. i. die Feststellung der Quantitäten unerläßlich.

Über das Verhältnis von Akzent und Iktus in den verschiedenen Versarten s. 48. 60. 79. 107.

§ 3. Metrische Geltung von Länge und Kürze.

34. Wenn in der quantitierenden Dichtung die Zeitdauer den Rhythmus bestimmt, müssen die Zeitabschnitte in einem meßbaren Verhältnis zueinander stehen. Als kleinste Zeiteinheit (*mora* [3]) gilt die Zeitdauer, die zur Aussprache einer kurzen Silbe erforderlich ist. Länge und Kürze [4]) sind in der Antike durch künstlerische Konvention in ein festes Verhältnis zueinander gebracht worden: Eine Länge gilt für den Vers gleich zwei Kürzen.

Wie in der Musik eine lange Note rhythmisch durch zwei halb so lange ersetzt werden kann, so kann (mit erheblichen Einschränkungen, von denen bei Besprechung der Versmaße die Rede sein wird) in der lateinischen Poesie eine Länge in zwei Kürzen aufgelöst werden; ebenso ist oft der Ersatz zweier Kürzen durch eine Länge möglich. Beispiele:

quid tĭbi ĕgō mṓrēm vĭs gĕram? ăbĭ quaēso hĭnc dŏmŭm.

(Plautus Mostellaria 578; *ăbĭ* hat nach dem IKG [vgl. 28] kurze Endsilbe. Von den sechs Hebungen ist die erste [*tibi e*-; das zweite *i* von *tibi* nach **18** elidiert] und vierte Hebung aufgelöst, d. h. sie bestehen im Gegensatz zu den vier andern Hebungen statt aus einer Länge aus zwei Kürzen);

intĕr vītaē mōrtĭsquĕ vĭás (Anapäste)

(Seneca Medea 307; nur eine, die letzte Senkung besteht

---

[1]) Bei einem musikalischen Akzent kann man von einem Widerspruch zwischen Vers- und Wortakzent überhaupt nicht reden.

[2]) *scandere* in Übersetzung von gr. βαίνειν eigentl. = auftreten.

[3]) *mora* eigtl. „der Aufenthalt", die Weile *(morari).*

[4]) Vgl. das 2. Kapitel.

aus zwei Kürzen, Senkung 1—3 hat diese Kürzen durch
eine Länge ersetzt).

§ 4. Kleinste Teile des Verses.

35. Alle lateinischen Verse, außer einigen lyrischen, sind
in der Weise aufgebaut, daß ein rhythmisches Motiv sich
mehrfach wiederholt.

A. Die kleinste durch Hebung und Senkung unterschie-
dene Gruppe von Zeiteinheiten ist der Versfuß [1]), die kleinste
Einheit, aus der sich ein Vers zusammensetzt, das Metrum.
In der lateinischen Dichtung kommen folgende Versfüße vor:

1. Iambus [2]) (kurz lang ◡ -), z. B. *cănō;*
2. Trochäus [3]) (lang kurz - ◡), z. B. *ārmă;*
3. Anapäst [4]) (kurz kurz lang ◡ ◡ -), z. B. *pĕrĕō;*
4. Daktylus [5]) (lang kurz kurz - ◡ ◡), z. B. *lītŏră;*
5. Kretikus [6]) (lang kurz lang - ◡ -), z. B. *ēxĕūnt;*
6. Bakchéus [7]) (kurz lang lang ◡ - -), z. B. *răpācēs;*
7. Choriambus [8]) (lang kurz kurz lang - ◡ ◡ -), z. B. *pērcĭpĭēs;*
8. Ionicus a maiore [9]) (lang lang kurz kurz - - ◡ ◡), z. B.
   cōncēdĕrĕ;
9. Ionicus a minore [9]) (kurz kurz lang lang ◡ ◡ - -), z. B.
   rĕgĭōnēs.

Außerdem gibt es noch einige Maße, die nicht so sehr als
selbständige Glieder eines Verses in Betracht kommen, sondern fast nur in Vertretung anderer Versglieder stehen:

---

[1]) *pēs* (gr. πούς) wird gedeutet als kleinste Maßeinheit (oder nach
dem Aufsetzen und Heben des Fußes beim Taktieren).

[2]) ἴαμβος eine griechische Gedichtgattung.

[3]) τροχαῖος (von τρέχειν) = der Laufende, weil er bei den Griechen
besonders in dramatischen Partien, die schnell gesprochen wurden,
üblich war.

[4]) ἀνάπαιστος eigentlich zurückgeschlagen (im Takt) = umgekehr-
ter Daktylos (oder vom Aufschlagen im Angriff?).

[5]) δάκτυλος = „Zoll"? (eigentlich Finger oder Zehe).

[6]) κρητικός Tanzversmaß, das von Kreta stammt.

[7]) βακχεῖος Versmaß, in Liedern zu Ehren des Gottes Bakchos
verwandt.

[8]) χορίαμβος; Verbindung eines χορεῖος (Tanzvers, anderer Name
für τροχαῖος) mit einem Iambus.

[9]) ἰωνικός Maß, in dem zu ionischen Tänzen gesungen wird.

1. Pyrrhichius [1]) (kurz kurz ⌣ ⌣) ist die Auflösung einer langen Silbe, z. B. *ăgĕ;*

2. Tribrachys [2]) (kurz kurz kurz ⌣ ⌣ ⌣) kann die Auflösung eines Iambus oder Trochäus sein, z. B. *ănĭmŭs;*

3. Spondéus [3]) (lang lang - -) kann die Kontraktion eines Daktylus oder Anapaests sein, z. B. *cōgō;*

4. Prokeleusmatikus [4]) (kurz kurz kurz kurz ⌣ ⌣ ⌣ ⌣) kann die Auflösung eines Daktylus oder Anapästs sein, z. B. *călĕ- făcĭt* (fallender), *bĕnĕfĭcĭ(um)* (steigender);

5. Molossus [5]) (lang lang lang - - -) kann die Kontraktion eines Choriambus, eines Ionicus a minore oder a maiore sein, z. B. *vĭrtūtēs.*

In der lateinischen Dichtung sind dazu auch folgende Maße zu rechnen, die im Griechischen auch selbständig auftreten, im Lateinischen dagegen fast durchweg nur in Vertretung katalektischer [6]) bakcheischer oder kretischer Dimeter [7]):

6. Dochmius [8]) (kurz lang lang kurz lang ⌣ - - ⌣ -), z. B. *pōlĭtĭssĭmō;*

7. Hypodochmius [8]) (lang kurz lang kurz lang _ ⌣ _ ⌣ _), z. B. *ĭnnŏcēntĭae.*

B. Im iambischen, trochäischen und anapästischen Maß ergeben je **zwei** Füße (=Dipodien) ein **Metrum**. Nach der Zahl der Metra werden Monómeter (1), Dimeter (2), Trimeter (3), Tetrámeter (4), Pentámeter (5) und Hexameter (6) unterschieden. Wenn man von **Hexameter** schlechthin spricht, ist der **daktylische** gemeint (ebenso bei Pentameter), bei einem **Trimeter** der **iambische.**

C. Verse, die sich nicht in **gleiche** Füße oder Metra zerlegen lassen, bezeichnen wir auch als **Kola** [9]). Solche Kola

---

[1]) πυρρίχιος nach einem Waffentanz, πυρρίχη, genannt.

[2]) τρίβραχυς Folge von drei Kürzen.

[3]) σπονδεῖος beim Trankopfer (σπονδή) verwandt.

[4]) προκελευματικός von προκελεύω=ich fordere auf.

[5]) μολοσσός nach den Molossern (in Epirus) benannt.

[6]) Vgl. 87.

[7]) Vgl. 115 und 121.

[8]) δόχμιος = „der schiefe", weil er sich dem System der alten Metriker widersetzte („in die Quere ging");⅟ ὑποδόχμιος = „etwas quer" (Umbildung des δόχμιος).

[9]) κῶλον=Glied. In strengem Sinn bezeichnet Kolon die Vereinigung von Füßen zu einer rhythmischen Einheit, die nicht mit *syllaba anceps* endigt und beim Zusammenschluß nicht Hiat zuläßt.

kommen nur in der Lyrik (auch in den lyrischen Partien der Dramen) vor und werden unten behandelt, vgl. **41, 130 ff., 143 ff.**

§ 5. Gliederung des Verses. Cäsur und Diärese. Ueberschneidung.

36. Jeder richtig gebaute lateinische Vers, der aus mehr als zehn Silben besteht, weist im Versinnern einen oder mehrere Einschnitte auf [1]).

Liegt der Einschnitt hinter dem Ende eines Fußes oder Metrums, so spricht man von Diärese [2]); liegt er dagegen so, daß ein Fuß, Metrum oder Kolon zerteilt wird, so ist die Benennung Cäsur [3]) gebräuchlich. Wir bezeichnen beide Einschnitte mit ||. In dem Vers, den wir oben **32** und früher zitiert haben,

gĕméllĕ Cástŏr || *ĕt gĕméllĕ Cástŏrĭs,*

ist nach *Castor* eine Pause fühlbar; da der Vers aus sechs Iamben besteht und die Pause nach der Kürze des dritten Iambus eintritt, haben wir es mit einer Cäsur zu tun. Die Pause des folgenden, aus vier Bakcheen bestehenden Verses dagegen (Plautus Amphitruo 551)

ăge t tú sĕcúndúm. — || *sĕquór, súbsĕquór tĕ*

scheidet den zweiten vom dritten Bakcheus, es handelt sich also um eine Diärese.

Ein Einschnitt nach einer Hebung heißt **männlich**, nach einer Senkung **weiblich**.

In dem eben zitierten Vers fällt die Diärese nicht nur mit dem Satzschluß, sondern auch mit dem Personenwechsel zusammen. Besonders die altlateinischen Szeniker haben sich bemüht, Vers- und Satzgliederung einander möglichst anzugleichen, indem sie mit Versschluß zugleich Sinnschluß anstrebten; häufig dient auch Cäsur und Diärese der sprachlichen Ordnung. In der klassischen lateinischen Dichtung läßt sich daneben oft eine **Ueberschneidung** von Vers- und Satzgliederung [4]) feststellen; diese Ueberschneidung

---

[1]) Vgl. dazu auch **99.**
[2]) Worterklärung siehe Fn. 4 S. 22. Sachlich hat die hier behandelte Diärese mit der oben **24** beschriebenen nichts zu tun.
[3]) Von *caedere.*
[4]) Übergreifen des Satzgefüges über Versschluß bezeichnet man als Enjambement.

haben einzelne Dichter bewußt erstrebt, wenn dichterische Zwecke sie erforderten, etwa Horaz in den Sermonen, um den Anschein der lässigen Prosa des Alltags trotz des Metrums zu erwecken, z. B. (serm. 1, 1, 101 ff.):

'*quid mi igitúr suadés?* || *ut vívam Naévius aút sic*
út Noméntanús?' || *pergís pugnántia sécum*
fróntibus ádversis || *compónere: nón ego, avárum*
cúm veto té fierí, || *vappám iubeo ác nebulónem.*

In den ersten drei Versen erstrecken sich Satzsinn und Konstruktion über das Versende hinaus; die Satzgliederung entspricht jedoch insofern, als im ersten, zweiten und vierten Vers Haupt- oder Nebensätze in der Cäsur endigen; der Schluß des vierten Verses ist zugleich Schluß eines Hauptsatzes.

§ 6. Versschluß.

37. a) Versschluß und Wortschluß fallen stets zusammen mit Ausnahme einiger Verse, die in Synaphie [1]) stehen, z. B.

íbam fórte viá sacrá, sicút meus ést mos

(Horaz serm. 1, 9, 1; das Wort *mos* bildet das Ende des Verses).

b) Die letzte Silbe eines Verses nimmt metrisch in doppelter Hinsicht eine Sonderstellung ein;

1. Sie kann lang oder kurz sein [2]), z. B.

Maecēnás ătăvís édĭtĕ régĭbús.

Nýmphārúmquĕ lĕvés cúm Sătȳrís chŏrí

(Horaz carm. 1, 1, 1 und 1, 1, 31; im gleichen Versmaß ist einmal die Endsilbe lang, einmal kurz).

2. Sie wird nicht elidiert, wenn sie auf Vokal oder *-m* endigt und der nächste Vers mit Vokal beginnt, z. B.

quid mínŭs ūtĭbĭlĕ fŭĭt quam hōc úlcŭs tángĕrĕ
aut nómĭnárĕ ūxŏrem? iniéctāst spés pătrí

(Terenz Phormio 690 f.; der schließende Vokal des ersten Verses wird nicht elidiert).

cūm pállă, tábō mínŭs ĭmbūtúm, nŏvám
incéndĭó nūptam ábstŭlít

---

[1]) Vgl. 41.
[2]) Man pflegt sie *syllaba anceps* zu nennen (vgl. 78; anders 9).

(Horaz epod. 5, 65 f.; die Endsilbe des 1. Verses -*am* wird nicht elidiert).

Beide Erscheinungen (1 und 2) versteht man, wenn man annimmt, daß der Rezitierende nach jedem Vers eine Pause macht, durch die die Quantität der letzten Silbe metrisch unwirksam wird und durch die die aufeinanderfolgenden Vokale getrennt werden.

Anmerkung 1: Doch hat zuweilen ein Vers eine Silbe mehr als gewöhnlich (Hypérmeter; vgl. 41); diese endigt dann auf Vokal und wird — entgegen dem oben Gesagten — durch den Anfangsvokal des nächsten Verses elidiert, z. B.

múltă vĭdḗmŭs ĕnĭm rēbús cōncúrrĕrĕ dḗbēre
út prōpắgāndṓ pōssĭnt prōcúdĕrĕ sáēclă

(Lukrez 5, 849 f.; das letzte *e* von *debere* wird vor *u* am Anfang des folgenden Verses elidiert) [1]).

Anmerkung 2: Die letzte Silbe eines Verses kann zwar lang sein, sie kann jedoch nie in zwei Kürzen aufgelöst werden.

c) Ein Vers kann entweder mit einem ganzen Fuß bzw. Metrum oder nur mit einem Teil davon aufhören. Im ersten Fall nennt man den Vers akatalektisch, im zweiten katalektisch [2]); von einem katalektischen Vers sagt man auch, er zeige Katalexe. Ein Vers ist *catalecticus in syllabam*, wenn vom letzten Metrum nur eine Silbe bleibt, dagegen *catalecticus in bisyllabum*, wenn zwei Silben bleiben.

d) Ein Vers schließt in der klassischen lateinischen Poesie selten mit einem einsilbigen Wort und meist nur dann, wenn poetische Absicht zugrunde liegt oder ein griechisches Vorbild nachgeahmt wird [3]).

e) Der letzte Fuß oder das letzte Metrum der meisten akatalektischen und katalektischen Verse ist reingehalten, d. h. Auflösungen, Kontraktionen, Ersatz einer Kürze durch eine Länge sind nicht gestattet. Auch der vorletzte Fuß oder das vorletzte Metrum vieler Verse ist entweder rein oder an eine bestimmte metrische Form gebunden (z. B. im iambischen Senar).

---

[1]) Bei Lukrez ist dies der einzige Hypermeter; bei Vergil finden sich ungefähr 20 (meist mit Verschleifung von *que*).

[2]) = (vorzeitig) aufhörend (von καταλήγειν = aufhören).

[3]) Einzelheiten und Beispiele für den Hexameter siehe unten 58.

§ 7. Reim und Stabreim. 15*)

38. Der Ursprung des Reimes beruht auf dem Bestreben, einen Parallelismus des Gedankens auch durch einen Parallelismus der Form zu unterstreichen. Beispiele für solche Verwendung von Reimen finden sich schon in den ältesten vorliterarischen Texten der Römer (vgl. 183). In der Kunstprosa erscheint das Homoioteleuton[1]) als Redefigur zur Steigerung der Eindringlichkeit, z. B. bei Cicero pro Sestio 71 *nondum re, sed spe;* pro Ligario 22 *Varus imperium se habere dicebat; fasces certe habebat.*

Die wenigen Beispiele der früheren lateinischen Dichtung sind grundsätzlich nicht anders zu beurteilen. Zu erwähnen wären etwa Ennius scenica 151 Vahlen

> *cāelŭm nĭtḗscĕre, árbŏrḗs frōndḗscĕrḗ,*
> *vĭtḗs lāetĭfĭcāe pámpĭnĭs pūbḗscĕrḗ,*
> *rāmĭ bācărum ūbértāte ĭncūrvḗscĕrḗ*

oder Cicero carmina frg. 3 (de consulatu), 50 ff.

> *vólvĭĕr ĭngēntḗm clādĕm pēstḗmquĕ mŏnḗbānt,*
> *túm lēgum éxĭtĭŭm cōnstántĭ vócĕ fĕrḗbānt;*
> *témplă dĕúmque ădĕŏ flāmmĭs ūrbḗmquĕ iŭbḗbānt;*
> *érĭpĕre ĕt strāgem hórrĭbĭlḗm cāedḗmquĕ vĕrḗri.*

Etwas häufiger findet sich Silbengleichklang am Ende der Halbzeilen, z. B.

> Plautus Bacchides 1094 (in Anapästen)
> *Crūsălŭ' mĕd hódĭē lăcĕrāvĭt, Crūsălŭ' mē mĭsĕrūm*
> *vĭŏlāvĭt.*

In den meisten Fällen handelt es sich um Entsprechung von Substantiven und Attributen, die mit Hyperbaton an das Ende der beiden Vershälften treten, z. B. Ovid amores 1, 1, 20

> *āut pŭĕr āut lōngás cómptă pŭéllă cŏmás.*

Doch ist der Reim in solchen Versen nur gelegentliches Kunstmittel, kein Prinzip. Konsequent durchgeführt wurde der Reim erst in den christlichen lateinischen Hymnen (zum erstenmal im rhythmischen psalmus abecedarius Augustins in Donatum, in dem sämtliche Verszeilen auf *e* oder *ae* endigen; vgl. 181). Da die rhythmische Dichtung die Quantitäten nicht mehr beobachtete und damit auf das wichtigste

---

[1]) ὁμοιοτέλευτον = gleich endigend (*similiter desinens*).

bindende Formelement der antiken Kunstdichtung verzichtete, erscheint als neue Form der Bindung der Reim. Aus der lateinischen Hymnendichtung wurde seit dem 9. Jahrhundert der Reim in die fremden Sprachen übertragen.

Anmerkung: Im Mittellatein spielten eine Zeitlang die sog. leoninischen 16*) Hexameter eine Rolle, in denen Penthemimeres[1]) und Versende durch zweisilbige Reime gebunden sind, z. B.

post cenam aut stàbis aut passus mille meábis.

Vorgebildet ist die Form gelegentlich in der klassischen Dichtung, z. B. Ovid ars 1, 59

quŏt caēlŭm stēllās, tŏt hăbĕt tŭă Rŏmă pŭĕllās.

Voll ausgebildet findet sich erst im Mittelalter (z. B. bei Hrotswitha von Gandersheim) die Reimprosa 17*), in der kleinere oder größere Prosateile jeweils durch Gleichklang in entsprechenden Abschnitten gebunden sind.

39. Der Stabreim [2]) (Alliteration) [3]) wird besonders in der altlateinischen Dichtung häufiger gebraucht als der Reim, doch niemals konsequent, wie etwa in der Edda. Wieder ist es Ennius, der sich u. a. den kuriosen Vers gestattet (Annalen 109 Vahlen):

ŏ Tĭtĕ tŭtĕ Tătĭ tĭbĭ tántă tyránnĕ tŭlístĭ.

Zuweilen wird durch die Alliteration ein kunstvoller Effekt erzielt wie in der Schilderung des Trompetengeschmetters bei Ennius Annalen 140 Vahlen:

át tŭbă tĕrrĭbĭlĭ sŏnĭtŭ tărătántără díxīt.

Auch Plautus verwendet den Stabreim nicht selten, z. B.

laūdĕm, lŭcrŭm, lūdŭm, iŏcŭm, fēstĭvĭtátĕm, fĕriás,

pōmpám, pĕnŭm, pŏtátĭŏnēs, sătŭrĭtátēm, gaūdĭŭm

(Capt. 770 f.; l, f im 1. Vers, p im 2. Vers „reimen").

Ueber den Stabreim im Saturnier s. u. 49

§ 8. Größere rhythmische Gruppen. Synaphie.

40. Die Wirkung der meisten Verse beruht, wie wir oben 35 dargelegt haben, auf der Wiederholung eines kleinen rhythmi-

---

[1]) Vgl. 58.

[2]) D. h. Erscheinen mehrerer Wörter mit gleichem Anfangsbuchstaben in einem Vers.

[3]) Der Ausdruck (von *ad litteras*) wurde erst von Humanisten geprägt.

schen Motivs innerhalb des Verses. Nun pflegen, von der Lyrik abgesehen, die Verse ihrerseits in gleicher rhythmischer Form durch ganze Dichtungen oder doch, z. B. in Dramen, durch große Abschnitte hindurch sich zu wiederholen [1]). Vergils Aeneis z. B., die aus Tausenden von Versen besteht, fließt ohne Unterbrechung im daktylischen Rhythmus dahin.

Solche rhythmische Gleichmäßigkeit ist die Regel überall da, wo das Wort die entscheidende künstlerische Wirkung ausübt. Sobald jedoch Verse nicht mehr nur gesprochen oder rezitativartig vorgetragen, sondern nach bestimmten Melodien gesungen werden, wie dies in der einfachen Lyrik aller Völker der Fall ist, beginnt der poetische Rhythmus sich den Gesetzen der Musik unterzuordnen. Da jede Melodie eine gewisse Länge hat, werden durch sie rhythmische Gruppen abgesondert, die den Umfang eines Verses überschreiten. Auf die Melodie, die immer von neuem wiederholt wird, werden eine Reihe von Strophen [2]) gesungen. Die einfachsten Strophen sind noch rhythmisch gleichförmig, sog. Systeme [3]), doch wird der Strophenschluß in der antiken Dichtung gewöhnlich durch Katalexe [4]) gekennzeichnet, z. B.

> *sís quōcŭmquĕ tĭbĭ plăcĕt*
> *sánctă nŏmĭnĕ, Rŏmŭlĭque,*
> *ántĭque út sŏlĭtá es, bŏnă*
> *sóspĭtĕs ŏpĕ gĕntĕm*

(Catull 34, 21 ff. Es sind vier Kola [s. o. 35 C] von gleicher metrischer Form, das vierte hat eine Silbe weniger als die andern drei. Das -e am Ende des zweiten Verses wird elidiert, s. u. 41 über Synaphie).

Je mehr die Lyrik bei den Griechen Ausdruck individueller Stimmungen wurde, desto mehr verlangte sie nach bewegter äußerer Form. Die Strophe nahm andersartige rhythmische Motive in sich auf; es wurde z. B. in vielen von Horaz formell nachgeahmten Gedichten des Archilochos ein Vers mit

---

[1]) **Man spricht in** einem solchen Fall von s t i c h i s c h e r Verwendung der Verse (von στίχος = Vers).

[2]) στροφή griechisch = Wendung, Drehung im Tanz; in weiterer Bedeutung Lied, das zum Tanz gesungen wird; ἀντιστροφή metrisch gleiche Gegenstrophe.

[3]) σύστημα griechisch = Verbindung; Folge gleichartiger Verse.

[4]) Siehe oben **37** c.

einem rhythmisch abweichenden zur Einheit verbunden oder, wie z. B. in der ebenfalls von Horaz verwandten· alkäischen und sapphischen Strophe [1]), ein Vers zweimal wiederholt, dann aber eine rhythmisch mehr oder weniger freie Epode [2]) hinzugefügt, wodurch die uns vom deutschen Minnesang her vertraute Form der lyrischen Strophe a a b entstand. Bei Pindar und in den Chorliedern des attischen Dramas steigert sich die rhythmische Freiheit innerhalb der Strophe oft so weit, daß ihr Ordnungsprinzip für uns, die wir die Musik nicht mehr hören, undeutlich wird; um so deutlicher erkennen wir die strenge Gesetzmäßigkeit der Responsion, d. h. der metrischen Uebereinstimmung zwischen einer Strophe und einer oder mehreren andern, die auf dieselbe Melodie gesungen wurden. Schließlich (in einigen Liedern der Dramen des Euripides, dann im sog. neuen Dithyrambos [freien Chorkompositionen]) fiel jedes strenge rhythmische Ordnungsprinzip. Es erschienen durchkomponierte Lieder, die ohne rhythmische Wiederholungen von Anfang bis zu Ende gesungen wurden. Die überwiegende Mehrzahl der Gesangseinlagen in den Komödien des Plautus und Terenz ist in dieser Weise frei gegliedert [3]).

Die römische Dichtung hat sich in ihren Formen durchweg an die griechische angelehnt. So kommt es, daß in der römischen Lyrik von einer lebendigen Entwicklung der rhythmischen Gruppenbildungen nur in beschränktem Maß die Rede sein kann. Wir haben soeben gesehen, welche Vorbilder Horaz, Catull, Plautus, Terenz nachgeahmt haben; es ist zweifelhaft, ob ihnen die Melodien der alten griechischen Lieder zugänglich und genießbar waren. Jedenfalls liegt die Vermutung nahe, daß die römischen Lyriker seit Laevius, Varro, Catull, ähnlich wie viele moderne Lyriker, nicht unbedingt damit gerechnet haben, daß ihre Lieder gesungen wurden, und daß die eigentlich nur aus dem Geist der Musik verständliche Strophenform von ihnen ebenso konventionell übernommen wurde wie von unsern heutigen in Strophen schreibenden Dichtern.

---

[1]) Letztere findet sich schon bei Catull; vgl. **168. 169.**
[2]) gr. *ἐπῳδός f.* (sc. *στροφή*) = Abgesang.
[3]) Vgl. **172** ff.

41. Von wesentlicher Bedeutung für die Strophenbildung
ist es, ob die Strophe aus einer Reihe selbständiger Verse
besteht, die am Schluß die charakteristischen Zeichen (Zu-
sammenfall von Vers- und Wortschluß, syllaba anceps und
Hiat, s. o. **37**) aufweisen, oder ob in der Strophe Synaphie[1]) herrscht, d. h. Versschlüsse überhaupt nicht oder
nicht immer deutlich fühlbar sind, weil die eben genannten
Zeichen fehlen[2]).

Zuweilen, z. B. in den sapphischen und alkäischen Strophen
von Horaz, herrscht beim selben Dichter im gleichen Versmaß
die eine oder andre Art der Gruppenbildung (mit oder ohne
Synaphie) vor, wird jedoch nicht streng durchgeführt, z. B.

> *spārsīssĕ nŏctūrnŏ̄ crŭŏ̆rĕ*
> *hŏ̄spĭtị̆s: īllĕ vĕnḗnă Cŏ̄lchă*

(Horaz carm. 2, 13, 7 f.; das -*e* von *cruore* ist vor folgendem
Vokal (*ho*-) **nicht** elidiert),
dagegen mit Synaphie:

> *sōrs ēxĭtúra ēt nŏ̄s īn āetḗrnum*
> *ēxĭlĭum īmpŏ̄sĭtúră cy̆mbaē*

(Horaz carm. 2, 3, 27; das -*um* von *aeternum* wird vor folgendem Vokal elidiert).

4. Kapitel.

Die Versmaße.

§ 1. Übersicht über die historische Entwicklung.

42. Der einzige Vers (zugleich der älteste der lateinischen
Literatur), der für echt römisch angesehen werden kann[3]), ist
der Saturnier (**43**). In diesem Versmaß sind 1) alte Grab-
und Weihinschriften und 2) literarische Texte (Sentenzen des
Appius Claudius Caecus, Censor vom Jahre 312, und
Bruchstücke aus der Übersetzung der homerischen Odyssee
von Livius Andronicus und aus dem Epos bellum Puni-
cum des Cn. Naevius) erhalten. Schon für Ennius hatte der
Vers den Beigeschmack des Veralteten und Rückständigen;
er urteilt darüber (in den Annalen 213) so:

---

[1]) συνάφεια = Verbindung.   [2]) Vgl. Fn. 9 S. 34.
[3]) Vgl. jedoch **44.**

scripsere alii rem
scripsere.alii rem
versibus, quos olim Fauni vatesque canebant [1]).

Nach Naevius ist der Saturnier aus der Literatur ver-
schwunden, auf Inschriften hielt er sich noch länger, wurde
aber auch hier später durch andere Verse verdrängt (unter
den Scipionengrabinschriften ist die älteste in Distichen
(67) abgefaßte die auf den Prätor des Jahres 139).

Bewußt haben als Bühnendichter Livius Andronicus
und seine Nachfolger Naevius, Plautus, Ennius, Caecilius Statius, Terentius in der 2. Hälfte des 3. und
der 1. Hälfte des 2. Jahrhunderts die Versmaße des attischen
Dramas, vor allem der Tragödien des Euripides (5. Jahrh.
v. Chr.) und der Komödien des Menander, Philemon, Di-
philus (4. Jahrh. v. Chr.), und daneben vielleicht (in der
Komödie) Rhythmen aus den Singspielen ihrer Zeit (z. B. Sotadeen; s. 125) in ihren Umdichtungen griechischer Originale
zuerst in Rom verwendet. Von diesen übernommenen Versmaßen waren die wichtigsten die iambischen und trochäischen (72—87) für den Dialog, die anapästischen (108-13) für
das eingelegte Lied oder Ensemble. Von welchen Vorbildern
die stichischen Bakcheen und Kretiker (114—123) hauptsächlich bei Plautus herstammen, ist noch nicht sicher festgestellt [2]). Die übernommenen griechischen Versmaße wurden
von den Nachbildnern frei umgestaltet. Die lateinische
Sprache sträubte sich gegen das fremde Versgewand, in das
sie gezwängt wurde. Durch die Mannigfaltigkeit der von
ihm verwendeten *numeri innumeri* zeichnet sich vor allem
Plautus (†184 v. Chr.) aus. Terenz (†159 v. Chr.) beschränkt
sich in der Hauptsache auf iambische und trochäische Metra;
in der Technik erscheint dieser gereifter, während ihn Plautus
an genialer Ursprünglichkeit und Frische übertrifft.

Im Epos hat Q. Ennius (239—169 v. Chr.) den Saturnier
in seinen *annales* durch den daktylischen Hexameter (50ff.)
des Homer und Hesiod ersetzt und das elegische Distichon
(64—67) in die römische Literatur eingeführt. Der Hexameter wurde fortan für das Epos (z. B. Vergil), die Satire
(z. B. Lucilius), das Lehrgedicht (z. B. Lukrez), die Epistel
(z. B. Horaz) und das Hirtengedicht (z. B. Vergil), das Distichon

---

[1]) Ähnlich Festus p. 325 M.
[2]) Vgl. 180.·

für die Liebespoesie (z. B. Tibull, Properz) und das Epigramm (z. B. Catull) der bevorzugte Vers. Lucilius (180—102 v. Chr.) verwendet in seinen Satiren außer dem Hexameter und Distichon auch noch die iambischen und trochäischen Versmaße in der alten Manier; Senare und Septenare sind weiterhin aus den Mimen des Publilius Syrus (zur Zeit Cäsars) erhalten und noch im 1. Jhd. n. Chr. dichtete der Freigelassene Phaedrus seine Fabeln in der zu seiner Zeit längst veralteten Versform der Senare (81).

Einige neue Maße (neben Versen nach der älteren Technik) brachte in seinen Satiren M. Terentius Varro (116—27 v. Chr.), der erste Römer, der sich auch mit der metrischen Theorie beschäftigte. Kühne metrische Neuerungen finden sich ferner bei dem als dichterische Persönlichkeit leider kaum greifbaren Laevius, der sich in Stoffwahl und formell an hellenistische Dichter anschloß und so ein Vorläufer der sog. Neoteriker (der „Jungen") wurde, die nicht im großen Epos und Lehrgedicht, sondern im kleinen lyrischen Gedicht und im Epyllion die ihnen und der Zeit (dem 1. Jhd. v. Chr.) angemessenen künstlerischen Aufgaben erblickten; ihr griechischer Meister war neben anderen der alexandrinische Poet und Gelehrte Kallimachos (3. Jahrh. v. Chr.). Die Verse der hellenistischen Vorbilder der Neoteriker sind durch ihre Eleganz und eine gewisse Neigung zur Normalisierung des Versmaßes charakterisiert. Die jungrömische Dichterschule bemüht sich im Gegensatz zu den älteren Dichtern um eine möglichst genaue formelle Nachahmung ihrer Vorbilder. Der einzige uns hinlänglich erhaltene Vertreter dieser Richtung, Catull, hat vor allem zwei später sehr viel verwandte Verse, den Phalaeceus (135) und Hinkiambus (97), in Rom populär gemacht; auch die sapphische Strophe (168) findet sich schon bei ihm. Durch den Stoff bedingt ist die Verwendung der seltnen, kunstvollen Galliamben (127). Der Wandel der Verstechnik macht sich auch in Änderungen der Bildung des Hexameters bemerkbar. Während noch Lukrez (†55 v. Chr.) und Cicero in den Bahnen des Ennius wandeln, schließt sich Catull mehr an den Bau des Hexameters der Alexandriner an, z. B. in der Vorliebe für schwere Versschlüsse (56).

Auf ältere griechische Vorbilder (Alkaios, Sappho, Archilochos, Anakreon) geht die Lyrik des Horaz (154ff.) zurück, doch scheint auch seine Verstechnik von den Normalisierungsbestrebungen in der hellenistischen Dichtung stark beeinflußt worden zu sein. Dem Hexameter haben die großen Meister der augusteischen Zeit, Vergil, Horaz, Ovid, echt römisches Gepräge verleihen können.

In der nachaugusteischen Zeit wird der Formenschatz der römischen Dichtung ärmer; dafür erreichen die weiterhin gepflegten Versmaße (insbesondere der Hexameter) äußerlich die höchste Formvollendung und Glätte. Einen größeren Reichtum an Versmaßen weist entsprechend der Gattung der *satura Menippea* Petron auf. Als *inventor* tritt Seneca auf, der — angeregt durch die metrische Doktrin des Caesius Bassus — in den Cantica einiger seiner Tragödien kühne. aber unlebendige Neubildungen wagt (143, 170). Die *poetae novelli* der Zeit Hadrians und der Antonini (z. B. Florus, Septimius Serenus) greifen z. T. auf das Vorbild der voraugusteischen Dichter zurück; beliebt sind bei ihnen Kurzverse wie Anakreonteen (128) und Paroemiaci (111) und metrische Künsteleien (z. B. *versus reciproci* [1]). Das versifizierte Lehrbuch der Metrik von Terentianus Maurus führt die geläufigsten Metra jeweils in den Versmaßen vor, die in den betreffenden Abschnitten behandelt werden. Die Dichter des 4. Jhd. n. Chr. (z. B. Prudentius und Claudius Claudianus) und spätere (z. B. Martianus Capella und Boethius) übernehmen in der Hauptsache die schon früher gepflegten Formen, kommen aber auch zu neuen Versuchen (143, 171), mitunter auch zu ausgesprochenen Spielereien (z. B. Ausonius).

In der gleichen Zeit wurde die lateinische Verskunst im Grund erschüttert durch das Aufkommen der rhythmischen Dichtung (181 f.), in der die Quantitäten zuerst noch teilweise, dann gar nicht mehr beachtet wurden. Von nun an gibt es zwei ganz verschiedene Prinzipien, nach denen in lateinischer Sprache gedichtet werden kann; bis in die neueste Zeit hinein sind bald nach dem quantitierenden, bald nach dem akzentuierenden Prinzip lebendige Kunstwerke entstanden, z. B. die quantitierenden Verse von Papst Leo XIII.

§ 2. Das altlateinische Versmaß der Saturnier. 18*)

43. Der Saturnier zeichnet sich durch eine große Mannigfaltigkeit der Formenbildungen aus, die z. T. auf einen

---

[1] Verse, die von vorn und hinten gelesen gleich lauten.

Unterschied der Verstechnik in den volkstümlichen und literarischen Versen zurückgehen kann. Über viele Einzelheiten können wir wegen der geringen Anzahl (im ganzen ca. 150) und des vielfach schlechten Standes der Überlieferung der erhaltenen Verse nicht sicher genug urteilen [1]).

44. Nach römischen Metrikern der Kaiserzeit bekunde der Name italischen Ursprung, doch gab es eine Theorie, die auch den Saturnier als griechisches Lehngut ansah (z. B. Marius Victorinus, Grammatici Latini VI p. 139, 2). Es gibt auch neuere Forscher **19***), die in ihm ein *metrum graecanicum* erblicken oder wenigstens Einfluß griechischer Verstechnik auf seine überlieferte Form annehmen. Eine Stütze kann diese Vermutung durch den Umstand erhalten, daß die Mehrzahl der erhaltenen Saturnier von Dichtern stammt, die in anderen Gattungen ihrer Dichtungen nur griechische Versmaße angewandt haben. Aber auch für die Halbzeilen des Arvalliedes, die unverkennbar Übereinstimmung mit Halbzeilen von Saturniern verraten, wurden genau entsprechende griechische Verstypen aufgedeckt.

45. Caesius Bassus (Grammatiker zur Zeit Neros) führt (Grammatici Latini VI p. 266, 16) folgenden Vers als **Normaltyp** an:

$$m\breve{a}l\acute{u}m\ d\breve{a}b\acute{u}nt\ ^2)\ M\breve{e}t\acute{e}ll\bar{\imath}\ ||\ N\acute{a}evi\acute{o}\ p\breve{o}\breve{e}t\bar{a}e.$$

Formal könnte man das als eine Zusammensetzung aus einem katalektischen iambischen Dimeter (84) und einer akatalektischen trochäischen Tripodie (=Ithyphallicus, vgl. 146) auffassen. Doch ist die metrische Gestaltung von der bei Iamben und Trochäen üblichen verschieden. Die Hebungen werden selten in zwei Kürzen aufgelöst; die Senkungen können auch aus einer Länge oder einer Doppelkürze bestehen, z. B. Naevius 49 Morel

$$S\breve{\imath}c\breve{\imath}l\breve{\imath}\bar{e}ns\acute{e}s\ p\breve{a}c\acute{\imath}sc\breve{\imath}t\ ||\ \acute{o}bs\breve{\imath}d\acute{e}s\ \bar{u}t\ r\acute{e}dd\bar{a}nt.$$

Dedikationstafel bei Livius 40, 52, 5

$$du\bar{e}ll\acute{o}\ m\bar{a}gn\acute{o}\ d\breve{\imath}r\breve{\imath}m\acute{e}nd\bar{o},\ ||\ r\acute{e}g\breve{\imath}b\acute{u}s\ s\breve{u}b\breve{\imath}g\acute{e}nd\bar{\imath}s.$$

46. Charakteristisch für den Saturnier ist die Teilung in zwei Halbzeilen, die stets durch deutliche Hauptdiärese voneinander geschieden sind; in der Hauptdiärese kommt syllaba

---

[1]) Über die Dauer der Saturnierdichtung s. **42.**
[2]) Bei andern Quellen: *d\breve{a}b\acute{u}nt m\breve{a}l\acute{a}m.*

anceps und (selten) Hiat vor, die in andern Versen den Versschluß kennzeichnen ¹), z. B. Livius Andronicus 3

mĕă pŭĕră quĭd vērbĭ ĕx tū͡o ‖ *ŏrĕ sŭpĕrā* ²) *fŭgit* ?

(Synizese in *tuo*).

Elision ist in der Hauptdiärese ausgeschlossen.

Meistens steht eine Nebendiärese nach der 2. Hebung
der 1. Halbzeile (immer wenn der Vers mit der Senkung
beginnt); in der Regel steht Nebendiärese auch nach der
2. Hebung der 2. Halbzeile. Auch vor den Nebendiaeresen
kommt öfters syllaba anceps, seltner Hiat vor, z. B.:

Livius Andronicus 1

Vĭrúm mĭhĭ | *Cămĕnă* ‖ *ĭnsĕcĕ* | *vērsútŭm*

Naevius 19, 1

ĭnĕránt sĭgná | *ēxprĕssă* ‖ *quŏmŏdŏ* | *Tĭtánĭ*

Naevius 4, 2

nōctú Trŏĭdá | *ēxĭbānt* ‖ *cápĭtĭbús* | *ŏpértĭs*

Naevius 14

pătrĕm sŭúm | *sŭprĕmŭm* ‖ *ŏptŭmúm* | *āppéllāt.*

47. Senkungen können ganz unterdrückt werden.
Nicht selten beginnt der Saturnier mit der Hebung, z. B.

Livius Andronicus 9

túmquĕ rĕmōs iússĭt ‖ *rélligárĕ strúppĭs.*

Unterdrückung der vorletzten Senkung, z. B. Livius Andronicus 26, 1

tōppér cĭtĭ | *ăd ae͡dĭs* ‖ *vénĭmús* | *Círcae.*

Unterdrückung der 1. und vorletzten Senkung, z. B.

Naevius 3, 3

ĭmmŏlábāt au͡ream ‖ *vĭctĭmám* | *púlchrăm.*

Unterdrückung der 3. Senkung, z. B. Naevius 43, 2

mágnŭm stŭprúm | *pŏpŭlō* ‖ *fĭĕrĭ* | *pĕr géntĕs.*

Anderes ist zweifelhaft, wie in der Scipionengrabinschrift
Carmina epigraphica 8, 3

mōrs pérfĕctĭ | *tŭa ŭt éssēnt* ‖ *ŏmnĭá* | *brévĭă*

(Unterdrückung der vorletzten Senkung nach syllaba anceps?) oder Naevius 24, 2

Ămúlĭús | *dĭvĭsquĕ* ‖ *grátŭlábátŭr*

(Unterdrückung der Senkung im Wortinnern?).

---

¹) Siehe 87.
²) Überliefert ist *supra.*

Umgekehrt begegnet in der 2. Halbzeile auch **Eingang mit einer Senkung**, z. B. Epitaphium Naevii Vers 4
ōblítī súnt Rōmái [1]) ‖ *lŏquiér linguá | Lătínā.*

48. Einsilbiges Wort wird vor der Hauptdiärese und Versschluß gemieden; infolgedessen fällt nach den lateinischen Betonungsgesetzen der Wortton an diesen Stellen stets in die Hebung [2]). Daraus erklärt es sich, daß der Saturnier früher als ein akzentuierender Vers betrachtet wurde; gelegentlich wird diese Auffassung auch heute noch vertreten. Aber im 1. und 2. Fuß ist nicht selten die Senkung mit Wortton verbunden.

Am beliebtesten ist die Wortverteilung (wie im Normaltypus 45) in zwei zweisilbige Wörter in Verbindung mit einem dreisilbigen vor der Hauptdiärese und zwei dreisilbige in der 2. Halbzeile.

49. Stabreim und Reim findet sich in den Saturniern häufiger als in den andern lateinischen Versen, z. B. bei Naevius 53

mágnaē mĕtús tŭmúltūs ‖ péctŏrá póssídit

bzw. bei Naevius 42

sēséque ĕí pĕr ír ĕ ‖ mávŏlúnt íbídĕm
quām cúm stŭpró rĕd í r ĕ ‖ ád súŏs pŏpŭláris.

§ 3. Daktylen.

I. Der daktylische Hexameter. 20*)

50. Der daktylische Hexameter [3]) besteht aus fünf vollständigen Daktylen und an sechster Stelle einem Spondeus oder Trochäus statt des Daktylus [4]); er ist also ein katalektischer Vers [5]). In allen Füßen kann der Daktylus durch den Spondeus ersetzt werden [6]), am seltensten geschieht die

---

[1]) Überliefert ist *Romae*.
[2]) Wortgruppenakzent ist festzustellen in dem Saturnier der Scipionengrabinschrift Carmina epigraphica 7, 4
   cōnsól cēnsŏr áidílis | quéi fúit ápúd vōs.
[3]) Vgl. **35** B. Nach seiner hauptsächlichen Verwendung im Epos heißt er auch *versus hērōicus.*
[4]) Ueber die Freiheit des Versschlusses siehe **37**.
[5]) *catalecticus in bisyllabum* (vgl. **37**).
[6]) Vgl. **35** A. Gegen alle Norm war es, wenn Ennius die Hebungslänge zuweilen durch zwei Kürzen ersetzte.

Ersetzung im 5. Fuß. Es ergibt sich demnach folgendes Schema:

$$\_ \smile\smile \_ \smile\smile \_ \smile\smile \_ \smile\smile \_ \smile\smile \_ \times$$

51. Durch den Wechsel von Daktylen und Spondeen wird einer rhythmischen Eintönigkeit vorgebeugt. Wiederholung der gleichen Form in den aufeinanderfolgenden Füßen kann dichterischer Absicht dienen, z. B.

quădrŭpĕdắntĕ pŭtrĕ́m sŏnĭtŭ́ quătĭt ŭ́ngŭlă cắmpŭm
(Vergil Aeneis 8, 596; die Eile des Ritts wird durch die vielen Daktylen gekennzeichnet);

pŏ́ntum āspĕctābắnt flēntĕ́s. hēu tŏ́t vădă fĕ́ssĭs
(Vergil Aeneis 5, 615; der Trauer, die im Inhalt zum Ausdruck kommt, entspricht der Rhythmus);

ĭlli ĭntĕ́r sēsĕ́ māgnắ vĭ brắcchĭă tŏ́llŭnt
(Vergil Georgica 4, 174; der Vers malt den gleichmäßigen Takt der schweren Hammerschläge).

Ennius hat zuweilen noch Hexameter, die überhaupt keinen Daktylus enthalten, z. B. Annalen 33 Vahlen:

ŏ́llī rĕspōndĭ́t rēx Ā́lbāĭ́ Lōngắī.

In der klassischen Dichtung begegnet dafür nur ein Beispiel, Catull 116, 3

quĭ́ tē lēnīrĕ́m nōbĭ́s, nēu cŏ́nārĕ́rĕ.

Ob damit tonmalerische Wirkung (Beruhigung nach der durch Daktylenhäufung gekennzeichneten Geschäftigkeit) erzielt werden soll, ist zweifelhaft.

52. Einschnitte innerhalb des Hexameters. Variierung wird auch durch Wechsel der Einschnitte innerhalb der Hexameter erreicht. Klapprig klingen Verse, in denen jedesmal oder mehrmals nacheinander Fußende mit Wortende zusammenfällt. Einige wenige Beispiele weist Ennius auf, z. B. Satiren 11 Vahlen

lắtĭ | cắmpī | quŏ́s gĕrĭt | Ā́frĭcă | tĕ́rră | pŏ́lĭtōs.

Annalen 43 Vahlen

cŏ́rdĕ căpĕ́ssĕrĕ, | sĕ́mĭtă | nŭ́llă pĕdĕ́m stăbĭ́lĭbāt

(Charakterisierung der Unrast durch den haltlosen Vers?). Auch die Häufung von Einschnitten nach der ersten Kürze des Daktylus ist unbeliebt. Als Scherz ist der öfter zitierte Vers von Horaz (epist. 1, 9, 4) aufzufassen:

dĭ́gnŭm mĕ́ntĕ | dŏmōquĕ | lĕgĕ́ntĭs | hŏnĕ́stă | Nĕrŏ́nĭs.

Bei Ennius Annalen 478 Vahlen

lábĭtŭr | ŭnctă | cărīnă | pĕr aēquŏră | cánă | cĕlócis

ist der Vers zu malenden Zwecken ähnlich gebaut.

53. Im allgemeinen hat schon Ennius nach homerischem Vorbild (aber nicht im gleichen Häufigkeitsverhältnis) die Einschnitte auf gewisse Versstellen beschränkt.

1. Die gewöhnlichste Cäsur [1]) des lateinischen Hexameters ist der auch bei Homer oft erscheinende Einschnitt nach der 3. Hebung, z. B. Ennius Annalen 179 Vahlen:

āiō te, Aēăcĭdá, ‖ Rōmánōs vĭncĕrĕ póssĕ.

Diese Cäsur heißt **Penthemimeres** [2]).

2. Zur Penthemimeres kann eine zweite Cäsur treten, z. B. Catull 64, 180:

án pătrĭs aūxĭlĭúm ‖ spērḗm? ‖ quēmne ĭpsă rĕlĭquī.

Neben der Penthemimeres steht in diesem Vers die **Hephthemimeres** [3]), d. h. ein Einschnitt nach der 4. Hebung.

3. Mit der Hephthemimeres kann statt oder neben der Penthemimeres die **Trithemimeres** [4]) verbunden sein; sie steht nach der 2. Hebung, z. B. a) Vergil Aeneis 8, 490:

ármātĭ ‖ circúmsistŭnt ‖ ĭpsúmquĕ dŏmúmquĕ.

b) Vergil Aen. 1, 582:

nátĕ dĕă, ‖ quaē nŭnc ‖ ănĭmó ‖ sēntḗntĭă súrgĭt?

4. Viel seltener ist im lateinischen Hexameter der bei Homer außerordentlich beliebte Einschnitt **nach der ersten Kürze des dritten Daktylus** [5]) (weibliche Cäsur). Allein steht sie in der Kaiserzeit nur ausnahmsweise (fast nur in Nachahmung griechischer Verse), z. B. Vergil Aeneis 4, 486:

spárgēns ŭmĭdă mḗllă ‖ sŏpórĭfĕrúmquĕ păpávĕr.

Öfter findet sie sich verbunden mit der Hephthemimeres, z. B. Vergil Aeneis 1, 85:

úna Eurúsquĕ Nŏtúsquĕ ‖ rŭŭnt ‖ crēbḗrquĕ prŏcéllīs,

---

[1]) Vgl. **86.**

[2]) τομὴ πενθημιμερής (caesura semiquinaria) eigentlich aus 5 Halbteilen bestehend; denkt man sich jeden Daktylus halbiert, so steht diese Cäsur nach dem 5. halben Daktylus.

[3]) τομὴ ἑφθημιμερής (caesura semiseptenaria) eigtl. aus 7 Halbteilen bestehend, vgl. Fn. 2.

[4]) τομὴ τριθημιμερής eigtl. aus 3 Halbteilen bestehend.

[5]) τομὴ κατὰ τρίτον τροχαῖον.

oder verbunden mit Trithemimeres und Hephthemimeres,
z. B. Vergil Aeneis 2, 3:

> *ínfāndúm,* ‖ *rēgínă,* ‖ *iŭbēs* ‖ *rĕnŏvắrĕ dŏlốrĕm.*

Bei nachklassischen Dichtern (z. B. Lucan und Valerius
Flaccus) ist diese Gliederung beliebter.

5. Ebenfalls selten steht die Hephthemimeres allein, z. B.
Lukrez 1, 87:

> *cūi sĭmŭl ínfŭlă vírgĭnĕŏs* ‖ *cīrcŭmdắtă cốmptŭs;*

in der klassischen Dichtung nur bei Verdunklung der Penthemimeres durch Elision, z. B. Vergil Acneis 1, 494:

> *hāec dūm Dárdănĭo Āenēaē* ‖ *mĭrắndă vĭdéntŭr.*

6. Endlich findet sich zuweilen, namentlich in den Hirtengedichten des Vergil, eine Diärese nach dem 4. Fuß, die auch
bei Homer sehr häufig, bei den griechischen Bukolikern
(Verfassern von Hirtengedichten) im 3. Jahrhundert v. Chr.
fast zur Regel geworden war und deshalb **bukolische
Diärese** genannt wurde. Meist ist damit die Penthemimeres
als Nebencäsur verbunden, z. B. Vergil Bucolica 3, 86:

> *Póllĭo ĕt ípsĕ făcít* ‖ *nŏvă cármĭnă:* ‖ *páscĭtĕ tāurŭm.*

Der 4. Fuß wird in diesem Fall bei Vergil meist durch
einen Daktylus ausgefüllt; bei Lukrez steht öfter ein Spondeus, desgleichen in der Satirendichtung, z. B. Horaz serm.
2, 4, 2:

> *pónĕrĕ sígnă nŏvís praēcéptĭs,* ‖ *quálĭă víncĕnt.*

7. Wortende nach dem 4. **Trochäus** — im griechischen
Hexameter verpönt — ist im lateinischen Vers zugelassen, z. B.
Vergil Aeneis 1, 529:

> *nón ĕă vís ănĭmố* ‖ *nēc tántă* | *sŭpérbĭă víctĭs.*

54. Die älteren Dichter scheuten sich nicht, vor die Penthemimeres ein **einsilbiges** Wort zu setzen, z. B. Ennius
Annalen 90 V.:

> *éxĭn cándĭdă sế* ‖ *rădíĭs dĕdĭt íctă fốrắs lūx.*

Lukrez 1, 72:

> *érgō vívĭdă vís* ‖ *ănĭmí pērvícĭt ĕt éxtrā.*

Ganz selten erscheint ein solcher Einschnitt in späterer Zeit,
z. B. Vergil Aeneis 4, 385:

> *ét cūm frígĭdă* | *mốrs* ‖ *ănĭmá sēdúxĕrĭt ártūs*

(die Cäsur ist durch die Diärese nach *frigida* beeinträchtigt).
Weniger auffällig sind (wie am Versende, s. 58) **zwei** ein-

silbige Wörter vor der Cäsur, zumal wenn sie innerlich zusammengehören; die Diärese zwischen ihnen wird dann nicht fühlbar, z. B. Horaz serm. 1, 10, 2:

Lúcĭlī. quis tám ǁ Lūcílī fāutŏr ĭnépte ēst...?

55. Stellungsregel von Marx. 21*) Wer den ersten Vers der Aeneis liest:

ármă vĭrúmquĕ cănó, ǁ Trōiāe quī prímŭs ăb órīs,

wird zunächst keinen Grund finden, warum Vergil nicht *qui Troiae*, ebensowenig, warum er in Bucolica 1, 26

ēt quāe tántă fŭĭt ǁ Rōmám tĭbĭ cāusă vĭdéndī

nicht *tibi Romam* gestellt hat. Tatsächlich läßt sich aber im lateinischen Hexameter beobachten, daß ein einsilbiges langes Wort oder ein Wort mit zwei Kürzen hinter der Penthemimeres in der Regel nicht v o r einem spondeischen Wort sondern n a c h dem spondeischen Wort steht. Zur E r k l ä r u n g dieser Regel führe man die normale Stellung herbei, also z. B.:

ēt quāe tántă fŭĭt tĭbĭ ǁ Rōmām cāusă vĭdéndī.

Der Vers zerfällt in zwei metrisch völlig gleichwertige Hälften, da *tibi* sich an *fuit*, nicht an *Romam* anlehnt; eine solche symmetrische Aufteilung des Verses aber war den antiken Dichtern im Hexameter, wie im iambischen Trimeter [1]) und Senar unwillkommen, auch dann wenn die Diärese nach dem 3. Fuß weniger stark fühlbar war dadurch, daß das einsilbige Wort zum F o l g e n d e n gehörte (*árma virúmque canó, qui | Tróiae...usw.*). Bei den Ausnahmen kommt Art der Zusammengehörigkeit und Funktionsstärke in Betracht.

56. Versschluß. 22*) Wie wir oben 37 bemerkten, soll der Versschluß möglichst rein — ohne Auflösungen und Kontraktionen — das rhythmische Motiv aufweisen, auf dem der Vers aufgebaut ist. So kommt es, daß Verse, die im 5. Fuß Spondeus statt Daktylus haben, bei den meisten lateinischen Dichtern selten sind, während sie im griechischen Hexameter ziemlich häufig vorkommen. Man nennt solche Verse *spondeiazontes* oder *spondiaci* [2]). Bei Homer konnten auch 3 (oder 4)

---

[1]) Siehe 89.
[2]) σπονδειάζοντες bzw. σπονδειακοί (στίχοι).

Spondeen die zweite Hexameterhälfte bilden. Auch bei Ennius finden sich solche Verse, z. B. Annalen 191 V. *sŏnắbāt árbŭstúm frĕmĭtú sílvắi frŏndōsắi.*
In späterer Zeit begegnet das nur ausnahmsweise, z. B. Vergil Georgica 3, 276
    sáxă pĕr ĕt scŏpŭlōs ēt dḗprĕssắs cōnválles
(versmalend zur Bezeichnung der tiefen Senkungen).
Seit Lukrez ist es die Regel, daß in diesem Fall der 4. Fuß einen Daktylus aufweisen muß, z. B. Lukrez 1, 616
    cŏrpŏră cōnstābúnt ēx pártĭbŭs ínfĭnītīs.
In einem „spondeischen" Hexameter darf das Ende des 5. Fußes nicht mit Wortende zusammenfallen; falsch wäre ein Hexameterausgang *múltis | ármis.* Meistens nimmt den 5. und 6. Fuß ein viersilbiges Wort ein, z. B. Vergil Aeneis 5, 320

    prŏxĭmŭs hū͞ic, lōngŏ́ sēd prŏxĭmŭs íntĕrvállō.

Eine Vorliebe für *spondeiazontes* zeigt Catull in Nachahmung seiner alexandrinischen Vorbilder in seinem Epyllion (in den Versen 3 und 44 nach vorausgehendem Spondeus); darin treffen ungefähr je 6 *spondiaci* auf 100 Verse (bei Vergil auf 2500 Hexameter).

57. Ennius und Lukrez tragen kein Bedenken, den Versschluß mit fünf- oder viersilbigen Wörtern zu belasten (z. B. *dīmidiátus, aéquiperáre, frúgiferéntes; dí genuérunt*); in der klassischen Zeit wird der 5. und 6. Fuß von einem fünfsilbigen Wort fast nur dann besetzt, wenn es sich um griechische Eigennamen handelt, z. B. *Láodamía, Tyndaridárum* (eine Ausnahme wie Vergil Aeneis 11, 614 *quádrupedántum* nach älterem Vorbild).
Schon bei Ennius und Lukrez ist die Bildung der 5. Hebung durch die Endsilbe eines mehrsilbigen Wortes selten, z. B. *gentés* [5] *opulén* [6] *tae, mór* [4] *talés* [5] *perhibé* [6] *bant; precibús* [5] | *pater* | *ó* [6] *rat.*
In der späteren Dichtung findet sich das nur ausnahmsweise (mit griechischen Wörtern oder aus versmalender Absicht), z. B. Vergil Bucolica 3, 63 *rubéns* [5] *hyacín* [6] *thus*; Aeneis 10, 505 *gemitú* [5] *lacrimís* [6] *que*; Catull 64, 58 *pellít* [5] | *vada* | *ré* [6] *mis*; ähnlich Aeneis 10, 440 *mediúm* [5] | *secat* | *ág* [6] *men*. Aber auch der Typus *dí* [5] *genué* [6] *runt* wird gemieden; die Form *súnt* [5] | *dape* | *mén* [6] *sae* (Catull 64, 304) oder *si* [5] | *bona* | *nó* [6] *rint* (Vergil

Georgica 2, 458) ist zwar zugelassen, aber nur in beschränktem Maße. Der Rhythmus des Versausganges sollte nicht durch eine Pause in der 5. Hebung unterbrochen werden.

58. Ennius und die ihm in der Technik vielfach nahestehenden Dichter Lucilius und Lukrez haben nach griechischem Vorbild noch zuweilen nach einem mehrsilbigen Wort ein einsilbiges am Hexameterende zugelassen; das hört später fast ganz auf. Wo Vergil derlei hat, ahmt er meist Homer oder Ennius nach, z. B.

síc ănĭmĭs iŭvĕnŭm fŭrŏr áddĭtŭs. ĭndĕ lŭpĭ ceu

(Aeneis 2, 355; nach Homer Ilias 11, 72 λύκοι ὥς):

únūs quĭ nōbĭs cūnctándō rĕstĭtŭĭs rĕm

(Aeneis 6, 846; nach Ennius Annalen 370 Vahlen);

cŭm pătrĭbŭs pŏpŭlóquĕ. pĕnátĭbŭs ĕt māgnĭs dīs

(Aeneis 8, 679 nach Ennius Annalen 201 Vahlen).

Horaz verwendet einsilbige Wörter nach mehrsilbigen am Versschluß, wenn er den folgenden Vers inhaltlich fest an den vorhergehenden binden will, oder im Scherz:

pártŭrĭĕnt mōntĕs, nāscĕtŭr rĭdĭcŭlŭs mūs

(ars 139 nach Vergil Georgica 1, 181; das lange Wort am Versanfang entspricht den großen Anstrengungen, das kurze am Ende dem winzigen Erfolg).

Weniger auffällig war das einsilbige Wort am Versschluß, wenn der 6. Fuß aus zwei einsilbigen Wörtern bestand. Bei einem Vers wie Horaz serm. 1, 9, 5:

'suávĭtĕr, ŭt nūnc ĕst' inquam 'ĕt cŭpĭo ómnĭă quāē vīs'

wird niemand einen Einschnitt nach der 6. Hebung empfinden, wie etwa in dem oben zitierten Vers Horaz ars 139.

59. Der regelmäßige Hexameterschluß der klassischen Zeit beschränkt sich demnach in der Regel auf folgende zwei Typen (Beispiele aus dem Anfang des 1. Buches der Aeneis):

1) cón⁵deret úr⁶bem (mit der Variante *Laví⁵naque vé⁶nit*)

2) (seltner) ún⁵de Latí⁶num (mit den Varianten *adí⁵re labó⁶res* und *gén⁵te tot án⁶nos* bzw. *Iunó⁵nis ob i⁶ram*).

60. Wortakzent und Iktus im lateinischen Hexameter. Das Verhältnis des Wortakzentes zum Iktus wird durch die lateinischen Betonungsregeln einerseits und die Gestaltung der Einschnitte im Versinnern und am Versende (zusammen mit der Unterbringungsmöglichkeit verschiedener Wortformen im Verse) bestimmt. Da in der 5. Hebung Wort-

ende eines mehrsilbigen Wortes und einsilbiges Wort am Versende nur ausnahmsweise zugelassen ist, erfolgt fast regelmäßig
Zusammenfallen von Wort- und Versakzent am
Schluß des Hexameters. Die Akzentverhältnisse in der
Versmitte werden durch das gewaltige Überwiegen der männlichen Cäsur vor der weiblichen im lateinischen Hexameter
zusammen mit der Diäresenscheu in Versmitte geregelt. Die
Folge ist, daß der Wortakzent vor Penthemimeres
und Hephthemimeres fast stets in die Senkung zu
stehen kommt. Daß die römischen Dichter den Widerspruch
zwischen Wortakzent und Versrhythmus zu Anfang und
Mitte des Hexameters gesucht, am Ende vermieden hätten,
um eine Dissonanz in Harmonie aufzulösen (die ,,harmo-
nische Disharmonie" Ritschls) oder daß sie das direkte
Bestreben gehabt hätten, möglichst viele Akzent-
widersprüche in den ersten vier Hexameterfüßen zu bringen,
läßt sich nicht erweisen.

61. Prosodische und stilistische Besonderheiten
im Hexameter. Die Elision ist im Hexameter an gewisse
Versstellen gebunden: sie steht in der Hebung unter der
Bedingung, daß der anlautende Vokal nicht zu der den Wortakzent tragenden Anfangssilbe eines mehrsilbigen Wortes
gehört (Lachmannsche Regel).

Ausnahmen sind also Verse wie
   tŭm vēro ŏmnĕ mĭhĭ vĭsŭm cōnsĭdĕre ĭn ĭgnēs
(Vergil Aeneis 2, 624; das -*o* von *vero* gegen die Lachmannsche
Regel elidiert).

In der Senkung kommt Elision selten vor nach der
3. und 5. Hebung, ferner nach der 1. Senkung des 3. und 4. Fußes
und der 2. Senkung des 5. Fußes.

Über Hiat im Hexameter vgl. **19.**

Iambenkürzung im Hexameter ist schon von Ennius
fast nur auf die kretischen Wörter beschränkt worden, die
auf Vokal auslauten.

Oft werden zusammengehörende Wörter (z. B. Substantiv
und Attribut) in Versmitte (vor der Penthemimeres) und
Versausgang einander gegenübergestellt, z. B.

   Ovid Metamorphosen 3, 481
   nŭdăquĕ mármŏrĕĭs pĕrcŭssĭt pĕctŏră pálmĭs
(über Reim in Versmitte und -ausgang vgl. **38**).

Aber auch Umrahmung des Verses durch Substantiv und Attribut findet sich öfter, z. B.

Ovid Metamorphosen 7, 203

vǐpěrěǎs rūmpǒ vērbǐs ēt cǎrmǐně faūcēs.

62. Unterschiede der Verstechnik bei den verschiedenen Dichtern und Dichtungsgattungen. Schon Ennius hat dem lateinischen Hexameter sein besonderes Gepräge gegeben, die technische Vervollkommnung verdankt er den augusteischen Dichtern, besonders Vergil. Mit größter Virtuosität beherrscht ihn Ovid; aber was er bei diesem Dichter an Glätte und Feinheit gewonnen hat, hat er andrerseits an ursprünglicher Kraft und Vielgestaltigkeit eingebüßt.

Einige wichtige Einzelheiten der Hexametertechnik sind nur zu verstehen, wenn man bedenkt, daß Epos, Lyrik, Hirtengedicht, Satire, Elegie, Epigramm alle in Hexametern abgefaßt sein konnten; natürlich behandelte man den Vers je nach Inhalt verschieden. Am strengsten ist der lyrische Hexameter (z. B. in den Oden und Epoden des Horaz) gebaut: die Cäsur ist überwiegend die Penthemimeres; Elision ist fast ganz gemieden, einsilbige Wörter am Versschluß und Verse mit spondeischem 5. Fuß sind selten. Die (seltnen) Hexameter in den Gesangspartien der Dramen Senecas schließen sich in der Verstechnik den lyrischen Hexametern an. Im schroffen Gegensatz dazu weist der Hexameter der Satire (besonders des Lucilius) alle erlaubten Cäsuren auf, ferner viele Elisionen, auch im letzten Fuß; einsilbige Wörter am Versschluß mit Satzbindung zum nächsten Vers (Enjambement) kommen oft vor; der Satiriker sprach eben im Gegensatz zum Lyriker die Alltagssprache, in der man viel elidierte und deren Ton besser zu treffen war, wenn der Versschluß undeutlich und so der Unterschied zwischen Poesie und Prosa verwischt wurde. Wenn bei Vergil, also im Epos, die Elisionen zahlreich sind, so mag das teilweise auf die Unfertigkeit seines Werkes zurückzuführen sein; Ovid in den Metamorphosen und Lucan in den Pharsalia sind mit den Elisionen sparsam. Als Nachahmung griechischen, in erster Linie homerischen Eposgebrauches sind bei Vergil die Hiate in den Hebungen (vgl. 19), vor allem den Cäsuren des Hexameters, teilweise auch die Hiate in den Senkungen aufzufassen; fast ganz fehlt Hiat in der Hebung

z. B. in den Satiren und Episteln des Horaz (nicht episch!). Die gelegentliche Zulassung [1]) einer kurzen Endsilbe in der Hebung (vgl. 31) ist als Nachahmung der griechischen epischen Verstechnik schon durch Ennius zu verstehen, z. B. Vergil Georgica 4, 453:

$$nón\ tē\ núllĭŭs \parallel ēxércēnt\ nŭmĭnĭs\ trāe.$$

Viel weniger als in der Aeneis elidiert Vergil in den Hirtengedichten; in ihnen findet sich etwas häufiger als in andern lateinischen Hexametern die bukolische Diärese (vgl. oben 53).

63. Der *versus Diphilius* (benannt nach dem Komödiendichter Diphilos im 4. Jahrhundert v. Chr.) ist ein *hexameter catalecticus in syllabam* nach dem Schema

$$- \cup \cup - \cup \cup - \parallel - - - \cup \cup - \cup \cup \times$$

Er begegnet nur ausnahmsweise in der lateinischen Dichtung, nämlich bei Plautus Casina 644

$$iám\ tĭbi\ istúc\ cĕrĕbrúm \parallel dīspércŭtĭam,\ éxcĕtră\ tú$$

außerdem Curculio 96 (mit Spondeus im 5. Fuß).

II. Der Pentameter.

64. Der daktylische Pentameter entsteht durch Verdopplung der vorderen Hälfte des Hexameters, des sog. Hemiepes [2]): $- \cup \cup - \cup \cup -$.
Er sieht also so aus:

$$- \cup \cup - \cup \cup - \parallel - \cup \cup - \cup \cup \times.$$

Der Name Pentameter (Fünfmaß) erklärt sich daraus, daß äußerlich (dem Quantitätswert nach) fünf Daktylen errechnet werden können [3]): für die metrische Erkenntnis ist der Name des Verses belanglos.

65. Die metrische Form des Pentameters ist noch strenger geregelt als die des Hexameters. Im 2. Hemiepes ist kein Spondeus zugelassen; außer in einigen roh gebauten Versen auf Inschriften kommt nur die reine Form vor. Im ersten

---

[1]) Namentlich vor der Cäsur, nie in der 1. und 6. Hebung, nie zweimal in einem Vers.

[2]) ἡμιεπές = Hexameterhälfte (der Terminus kommt nur bei lateinischen Grammatikern vor).

[3]) als Zusammensetzung von zweimal $2\frac{1}{2}$ Daktylen oder, wie Quintilian andeutet, von 2 Daktylen, 1 Spondeus und 2 Anapästen.

Hemiepes ist ‿ ‿ ‿ ‿ _ _ bevorzugt, daneben _ ‿ ‿ _ ‿ ‿ _ und
_ _ _ ‿ ‿ _; selten ist die Form _ _ _ _ _.

Diärese [1]) nach dem 1. Hemiepes ist die Regel; sie wird
zuweilen durch Elision verdunkelt, namentlich bei Lucilius,
auch bei Catull und (zweimal) bei Properz, z. B. Catull 68,10

mŭnĕrăque ĕt Mūsārum ‖ hīnc pĕtīs ĕt Vĕnĕrīs.

Aber auch Hiat kommt einigemale in der Diärese bei Catull
vor, z. B. 76, 10

quārē cŭr tē iăm ‖ āmplĭŭs ēxcrŭcĭēs?

Auch die kurze Silbe in der 3. Hebung ist eine seltne Ausnahme.

Am Ende des ersten Hemiepes steht in der Regel nur
dann ein einsilbiges Wort, wenn entweder ein zweites einsilbiges
oder ein pyrrhichisches Wort vorhergeht; der Grund für
diese Regel ist derselbe wie für die Regel über einsilbiges
Wort vor der Cäsur des Hexameters [2]): eine Diärese nach
dem zweiten Daktylus des Pentameters soll vermieden
werden, damit die Cäsur als solche deutlich bleibt.

Ovid pflegt am Pentameterende fast immer (die übrigen
Elegiker überwiegend) ein zweisilbiges Wort zu setzen. Lautet
die letzte Silbe des Pentameters auf Vokal aus, so ist er
bei Ovid fast immer, bei Tibull ganz überwiegend lang. Einsilbiges Wort am Versschluß ist ganz selten [3]).

Elision ist im Pentameter viel seltener als im Hexameter;
in den Senkungen des 2. Fußes des 2. Hemiepes kommt sie
nur vereinzelt vor.

66. Die völlige Gleichheit der beiden Hälften des Pentameters gab den Dichtern Gelegenheit zu allerlei Paralleli-
sierungen. So wurden die Wörter der einen Hälfte in derselben
Reihenfolge geordnet wie die zugehörigen der zweiten, z. B.

quō pŏtĕrās trĕpĭdīs ‖ ūtĭlĭs ēssĕ rĕīs

(Ovid ex Ponto 2, 2, 52; *poteras* und *utilis esse* sowie *trepidis*
und *reis* sind parallel gestellt).

Zuweilen stehen die Glieder auch kreuzweise, z. B. Ovid
Tristia 3, 1, 80:

prīvātō lĭcĕăt ‖ dēlĭtŭīssĕ lŏcō.

---

[1]) Vgl. 86.
[2]) Siehe oben 54.
[3]) Nur *es* und *est* stehen zuweilen am Schluß des Pentameters
nach einem einsilbigen Wort (bei Properz sechsmal *sat est*), oder mit
Aphaerese (z. B. Ovid fast. 5, 540 *fera est*).

Oft reimen die Hälften des Pentameters, meist zufällig: es stehen eben oft am Ausgang der beiden Hemiepes zusammengehörige Wörter mit gleichlautenden Endungen, vgl. oben Ovid ex Ponto 2, 2, 52.

67. Der Pentameter wird in der antiken Poesie mit dem Hexameter stets zum sog. elegischen Distichon [1]) verbunden. Erst spät (z. B. bei Martianus Capella 9, 907) erscheinen Pentameter in längeren Reihen ohne Hexameter. Der Parvenu Trimalchio schließt einen Pentameter an zwei vorausgehende Hexameter an; in dem tiefempfundenen, aber technisch mangelhaften Grabgedicht auf Allia Potestas (Carmina epigraphica 1988) sind Pentameter in unregelmäßiger Abfolge zwischen Hexameter eingeschoben. Bei Boethius ist er Epodenvers zu einem Trimeter (3, 3) bzw. zu einem Phalaeceus (4, 4).

In der Regel ist das Ende des Pentameters, d. h. des Distichons, zugleich Hauptsatzende; seltener erstreckt sich ein Satz über zwei oder mehrere Disticha; noch seltener fehlt Satzende am Schluß des 1. Distichons und tritt mitten im 2. Distichon ein. Gewöhnlich finden sich also Verse wie Ovid fasti 1, 13 und 14:

> Cāesărĭs ărmă cănănt ălĭĭ; nōs Cāesărĭs ārās,
> ĕt quōscŭmquĕ săcrĭs āddĭdĭt ĭllĕ dĭēs.

Seltener sind Verse wie Ovid fasti 3, 517—520:

> sēx ŭbĭ sŭstŭlĕrĭt, tŏtĭdēm dēmērsĕrĭt ŏrbēs,
> pŭrpŭrĕŭm răpĭdŏ quĭ vĕhĭt ăxĕ dĭēm,

> āltĕră grămĭnĕŏ spēctābĭs Ēquĭrrĭă Cămpō,
> quĕm Tĭbĕrĭs cūrvĭs ĭn lătŭs ŭrgĕt ăquĭs.

Am seltensten ist eine Form wie Properz 4, 10, 39—42:

> Clāudĭŭs ā Rhēnŏ trāiēctōs ārcŭĭt hŏstēs,
> Bēlgĭcă cŭi vāstĭ părmă rĕlātă dŭcĭs
> Vĭrdŏmărĭ. | gĕnŭs hĭc Rhēnŏ iāctābăt ăb ĭpsō,
> mōbĭlĭs ē rēctĭs fŭndĕrĕ gāesă rŏtĭs.

Für gewöhnlich ist sogar jeder Hexameter und jeder Pentameter für sich ein Haupt- oder Nebensatz.

Auch den Pentameter hat zuerst Ennius (in Verbindung mit dem Hexameter) aus dem Griechischen bei den Römern

---

[1]) δίστιχον = Zweizeiler. Vgl. oben 42.

eingeführt in seinen Epigrammen [1]); so wurde das Distichon auch noch später in der lateinischen Dichtung verwendet, z. B. vom Meister des Epigramms Martial, aber auch als wirkliche „Aufschrift" z. B. in Grabgedichten schon seit früher Zeit [2]). In der Elegie hat es zuerst Catull gebraucht; seine Vollendung erfuhr es durch die *triumviri amoris* Tibull, Properz, Ovid.

III. Der daktylische Tetrameter.

68. 1. In daktylischen akatalektischen Tetrametern ist die tragische Monodie der Cassandra in der Tragödie Alexander des Ennius (scenica 65 ff. V. = 50 ff. Klotz) gehalten:

> *iámquĕ mărí māgnó clāssís cĭtă*
> *téxĭtŭr, éxĭtĭum éxāmén răpĭt:*
> *ádvĕnĭét, fĕră vélĭvŏlántĭbŭ'*
> *návĭbŭ' cómplēbít mănŭ' lítŏră.*

Bei Seneca erscheint eine ähnliche Partie im Oedipus 449—465 (Chorlied) zwischen daktylischen Hexametern eingeschoben; im Hercules Oetaeus 1947—1962 (Klage der Alkmene) folgen sie auf anapästische Reihen. Die Bildung ist ähnlich wie in den Klagegesängen der griechischen Tragödie. Die drei ersten Daktylen können durch Spondeen ersetzt werden; der schließende Daktylus ist stets rein (keine *syllaba anceps;* in dem Vers Sen. Oed. 457 *Ídāeús prōrá frémŭít lĕŏ* ist bei *leo* Endsilbenkürzung anzunehmen [3]). Dagegen besteht nicht Synaphie; Vokal an Wortanfang nach schließendem Vokal z. B. Sen. Oed. 451 f.

In der Komödie findet sich ein akatalektischer daktylischer Tetrameter (mit Iambenkürzung) bei Terenz Andria 625

> *hóccĭnĕst crédĭbĭle áut mĕmŏrábĭlĕ.*

2. Der daktylische Tetrameter **Senecas** unterscheidet sich von dem des Ennius dadurch, daß nach der 3. Hebung stets Cäsur eintritt. Er folgt darin dem Beispiel des Horaz, der ihn in carm. 1, 4 anwendet:

> *sólvĭtŭr ácrĭs hĭéms ‖ grātá vĭcĕ.*

---

[1]) ἐπίγραμμα = Aufschrift.   [2]) Vgl. 42.
[3]) Im Griech. findet sich ausnahmsweise kretischer Ausgang Archiloch. frg. 116 καὶ βήσσας ὀρέων δυσπαιπάλους.

Bei Horaz ist er mit dem Ithyphallicus (vgl. 146) verbunden nach dem Vorbild des Archilochos (7. Jahrhundert
vor Chr.; *versus Archilochius* vgl. 148).

69. Der katalektische daktylische Tetrameter
in bisyllabum (Horaz carm. 1, 7 und 1, 28; epod. 12) besteht
aus drei Daktylen+Spondeus oder Trochäus; der erste und
zweite Daktylus kann durch einen Spondeus ersetzt werden,
der dritte in der Regel nicht (Ausnahme: carm. 1, 28, 2).
Der Vers hat also genau die Form der letzten vier Füße
des Hexameters [1]). Beispiel (Horaz carm. 1, 7, 28):

> *cĕrtŭs ĕnĭm prōmĭsĭt Ăpŏllō.*

Bei Horaz kommt der Vers nur in Verbindung mit einem
anderen Metrum vor; das griechische Vorbild ist ihm
Archilochos. Bei Ausonius, Prudentius und Boethius
begegnet der Vers auch stichisch.

Katalektische daktylische Tetrameter *in syllabam*
von der Form $\llcorner \overline{\smile\smile} \llcorner \overline{\smile\smile} \llcorner \overline{\smile\smile} \overset{\smile}{\smile}$ finden sich bei Plautus,
z. B. Cas. 937 *máxĭmo ĕgo árdĕŏ flágĭtĭŏ.* Solche Verse
wurden auch als freie Glykoneen (**132**) gedeutet.

70. Das Hemiepes [2]) (Horaz epod. 11; 13; carm. 4, 7)
entspricht der zweiten Hälfte des daktylischen Pentameters,
z. B. Horaz carm. 4, 7, 4:

> *flŭmĭnă prae̅tĕrĕŭnt.*

Elision kommt im Hemiepes nicht vor. Die Daktylen werden
bei Horaz nicht durch Spondeen ersetzt. Im übrigen gelten
die für die zweite Hälfte des Pentameters aufgestellten Beschränkungen für das Hemiepes nicht; es kann sogar aus
einem Wort bestehen (*sóllicitúdinibús,* epod. 13, 10).

Vorbild des Horaz ist auch in der Technik des Hemiepes
Archilochos. Stichisch ist das Hemiepes verwendet worden
von Ausonius 200 Souchay p. 58 Peiper.

Über den Adoneus siehe 147.

§ 4. Iamben und Trochäen.

71. 1. In den iambischen und trochäischen Versen werden
in der griechischen Dichtung je 2 Füße zu einem

---

[1]) Siehe oben **50**; doch gelten für ihn nicht die Beschränkungen
in den Wortformen wie für das Hexameterende; Akzentwiderspruch
auch noch in der vorletzten Hebung.
[2]) Siehe oben **64**.

Metrum [1]) zusammengefaßt. Hiebei muß die innere Senkung stets rein (d. h. durch eine Kürze) gebildet sein. Die äußere Senkung kann durch eine oder zwei Kürzen oder durch eine Länge ausgefüllt werden. Da auch jede Länge (außer der versschließenden, für die aber auch eine Kürze eintreten kann) durch eine Doppelkürze ersetzt werden kann (Tribrachys; vgl. 35 A), ergeben sich für den Iambus und Trochäus folgende Möglichkeiten:

a) iambisches Metrum: $\overset{\smile}{\smile}\ \overset{\smile}{=}\ \smile\ \overset{\smile}{=}$

b) trochäisches Metrum: $\overset{\smile}{=}\smile\ \overset{\smile}{=}\ \overset{\smile}{\smile}$

(bei Katalexe: $\overset{\smile}{=}\ \smile\ \overset{\smile}{=}$).

2. Iamben und Trochäen wurden schon von den ältesten lateinischen Bühnendichtern übernommen, die aber eine in der Natur der lateinischen Sprache begründete fundamentale Umgestaltung vornahmen: die Senkungen können bei Iamben und Trochäen in allen Füßen (außer in der letzten Senkung) durch eine Länge oder Doppelkürze ausgefüllt werden. Die iambischen und trochäischen Verse sind also in der altlateinischen Dichtung nicht nach Metra, sondern nach Füßen gegliedert: daher auch die Bezeichnung der Verse nach der Zahl der Füße.

A. Freiere Nachbildung griechischer Iamben und Trochäen.

I. Iamben.
Der iambische Senar.

72. Der Senar [2]) ist die Umbildung des akatelektischen iambischen Trimeters der Griechen. Nach den unter 71 erläuterten Regeln ergibt sich folgendes Schema der Möglichkeiten

$$\overset{\smile}{\smile}\ \overset{\smile}{=}\ \overset{\smile}{\smile}\ \overset{\smile}{=}\ \overset{\smile}{\smile}\ \overset{\smile}{=}\ \overset{\smile}{\smile}\ \overset{\smile}{=}\ \overset{\smile}{\smile}\ \overset{\smile}{=}\ \smile\ \overset{\smile}{=}.$$

Beispiele: *sēd nímĭūm lĕpĭdē dĭssĭmŭlánt quăsĭ nĭl scĭánt* (Plautus Cas. 771);
pērque íllām quám tū mĕtŭĭs úxōrém tŭám (Plautus Asin. 19).
Ein iambischer Trimeter griechischer Art kommt nur zufällig als eine der vielen Möglichkeiten des Senars vor, z. B.:
sūm véro, ĕt áltĕr nóstĕr ést Lĕónĭdá (Plautus Asin. 58).

---

[1]) S. oben 35 B.
[2]) Unter Senar (Sechsfüßler) schlechthin versteht man immer den iambischen.

Zu beachten ist, daß ein Prokeleusmatikus an Stelle eines iambischen Fußes im allgemeinen auf den Anfang des Verses beschränkt bleibt (vgl. **35 A**), z. B.:

> *ŭbĭ mĭhĭ pŏtéstās prĭmum ēvénĭt, ĭlĭcó*
> (Plautus Cist. 137).

Beispiel für das seltne Vorkommen im Versinnern:

> *dĭ fórtūnắbūnt vóstră cónsĭlĭa. ĭtă vŏló.*
> (Plautus Trin. 576).

73. Cäsuren. Wie im iambischen Trimeter der Griechen steht die Cäsur entweder nach der 3. Senkung (Penthemimeres)[1]:

> *trĭgíntā Sárdĭs, ‖ sĕxāgíntā Mắcĕdŏnés* (Plautus Mil. 44) oder

(seltener) nach der 4. Senkung (Hephthemimeres)[1]:

> *quānta ístāec hómĭnūm sŭmmāst? ‖ sĕptĕm mílĭá*
> (Plautus Mil. 46).

Nicht selten werden die beiden Cäsuren verbunden, z. B.:

> *nĭhĭlí quĭdem hérclĕ ‖ vĕrbŭmst ‖ ắc vĭlíssŭmúm*
> (Plautus Stich. 189).

Die Cäsur kann auch **verdeckt** sein dadurch, daß die Silbe, die vor der Cäsur steht, elidiert wird, z. B.:

> *nōs ŏtĭósi ‖ ŏpĕrắm dăbắmūs Phāēdrĭāe*
> (Terenz Phormio 87).

Verse, in denen sich weder Penthemimeres noch Hephthemimeres findet, sind zuweilen in zwei Hälften geteilt, z. B.:

> *quāmne Árchĭdémĭdém? ‖ quam, ĭnquam, Árchĭdémĭdém*
> (Plautus Bacch. 257).

In solchen Fällen erklärt meist die Lebhaftigkeit des Versinhalts die Cäsurlosigkeit: kurze gleichlange Glieder folgen aufeinander. — Gleichgliedrigkeit entschuldigt das Fehlen der Cäsur in folgendem Vers:

> *flắmmārĭt, vĭŏlắrĭt, cắrĭnắrĭt* (Plautus Aul. 510).

Auch sonst können längere Wörter im Versinnern eine Cäsur unmöglich machen.

74. Selten steht ein Spondeus oder Anapäst im 2. Fuß, wenn ein mehrsilbiges Wort in der 2. Hebung endigt. Meist folgt ein sich eng anschließendes einsilbiges Wort wie Plautus Cistellaria 162 *ŭbĭ hắbĭtābắt tŭm* oder Trinummus 458 *nĭsĭ quĭd me ălĭúd vĭs.*

---

[1] Siehe Fn. 2 (bzw. 3) S. 50.

Das gleiche ist im 4. Fuß der Fall, wenn der 5. Fuß durch ein zwei- oder dreisilbiges Wort ausgefüllt wird (Dipodiengesetz [1]). 23*) Zulässig ist also ein Versschluß wie Plautus Aul. 576 *pōst hŏc quŏd hăbĕo ūt cŏmmūtĕt cŏlŏnĭăm.*
Dagegen ist in dem Vers Terenz Hecyra 39
ĭntĕrĕă | rūmŏr | vĕnĭt vielleicht *interim* statt *interea* einzusetzen.

75. Steht am Versende ein iambisches Wort, so darf die Senkung des 5. Fußes nicht durch eine Kürze ausgefüllt sein. 24*)
Ausnahmen: Erlaubt ist Kürze in der 5. Senkung bei iambischem Wort am Versschluß,

a) wenn dem iambischen Wort am Versende ein einsilbiges Wort vorhergeht, z. B.
sĕd ĭstŭc nĕgŏtĭ cŭpĭō scĭrĕ quĭd sĭĕt (Plautus Trin. 88);

b) wenn die 4. Hebung durch den Anfang eines viersilbigen Wortes (oder durch ein einsilbiges und den Anfang eines dreisilbigen Wortes) gebildet wird, z. B.: (Plautus Curc. 86)
quīsnam ĭstīc flŭvĭŭst, quĕm nōn rĕcĭpĭăt mărĕ
(Mil. 1104) *quī tŭ scīs ĕăs ădĕssĕ? — quĭă ŏcŭlĭs mĕĭs;*

c) wenn das iambische Wort am Versende mit einem vorhergehenden so eng zusammengehört, daß sie gleichsam eine Einheit bilden in Phrasen wie *mălăm crŭcĕm*, z. B.
fĕrănt ĕăntque in mắxŭmăm mălăm crŭcĕm
(Plautus Persa 352).

76. Wenn eine Hebung aufgelöst ist, gelten folgende Regeln:

a) Die erste Kürze der aufgelösten Hebung soll nicht die 2. Silbe eines pyrrhichischen [2]) Wortes sein. Sehr vereinzelt ist also ein Vers wie Plautus Rud. 166:
nĕquĕ gŭbērnătōr ŭmquām pŏtŭĭt rĕctĭŭs.

b) Die erste Kürze der aufgelösten Hebung ist gewöhnlich nicht die Kürze eines trochäischen Wortes; selten ist also ein Vers wie Plautus Amph. 942:
ĭntĕr ĕōs, rŭrsūm sĭ rĕvĕntum in grătĭămst.

c) Die Ausfüllung eines iambischen Fußes durch ein tribrachysches [2]) Wort ist unmöglich. Ein Vers kann z. B. nicht einen Iambus *făcĕrĕ* enthalten.

---

[1]) Zu der Bezeichnung Dipodie vgl. **35 B.**
[2]) Siehe **35 A.**

d) Die Ausfüllung eines iambischen Fußes durch ein daktylisches Wort ist unbeliebt (in Betracht kommt fast nur der 1. Fuß). Selten ist ein Vers wie Plautus Trinummus 54:

ōmnĭbŭs ămīcīs quŏd mĭhĭst cŭpĭo ésse ĭtĕm.

e) Die Ausfüllung eines iambischen Fußes durch ein prokeleusmatisches [1]) Wort ist ausgeschlossen. Gewöhnlich erscheint der Prokeleusmatikus, wenn er einen Iambus ersetzt, so geteilt, daß zweisilbiges Wort oder zweisilbiger Wortanfang die Hebung bildet [2]), also:

quĭs hĭc lŏquĭtŭr? égŏ, qui tŭŏ māerŏrĕ mácĕrŏr

(Plautus Capt. 133; die 1. Hebung wird vom Anfang eines dreisilbigen Wortes gebildet).

vĭdĕo égŏ te Ămŏrĭs váldē táctūm tŏxĭcŏ

(Plautus Cist. 298; die 1. Hebung ist ein zweisilbiges Wort).

77. „Zerrißner Anapäst." Besteht im iambischen Senar eine Senkung statt aus einer aus zwei Kürzen, so gilt im allgemeinen die Regel, daß mit keiner dieser Kürzen ein **mehrsilbiges Wort endigt**, außer wenn die Senkung durch ein pyrrhichisches Wort ausgefüllt wird. Der Vers Plautus Asinaria 11

Dēmŏphĭlūs scrípsit, Máccūs vórtĭt bárbărĕ

würde durch die Änderung Ritschls von *Maccus* in *Maccius* einen fehlerhaften Anapäst ergeben.

Gestattet ist „zerrißner Anapäst" bei eng zusammengehörenden Wörtern wie Plautus Mil. 1284:

ălĭum ălĭŏ páctō próptĕr | ămŏrēm nĭ scĭăm.

Auch durch Elision wird der Wortschluß überbrückt 25*),
z. B. Plautus Asin. 76

ĕt ĭd ĕgō pércŭpĭo óbsĕquĭ gnātŏ mĕŏ.

78. Prosodisches. Hiat findet sich (abgesehen von den unter **19** erörterten Fällen) zuweilen in der Cäsur nach der 3. Senkung und nach der 4. Hebung [3]), z. B.

ésse ádsĭmŭlábō ‖ átque ĭn hŏrūm fămĭlĭăm

(Plautus Amphitruo 874)

ĭntĕr mōrtálĭs ‖ ámbŭlŏ | ĭntĕrdĭŭs

(Plautus Rud. 7).

---

[1]) Siehe **35** A.
[2]) Vgl. auch **72**.
[3]) Vgl. auch **19** A 2. Ob diese Freiheiten in der 4. Hebung Schlüsse auf die ursprüngliche Zusammensetzung des Senars zulassen, ist fraglich. 26*)

In der 4. Hebung [1]) begegnet manchmal auch *syllaba anceps*.
z. B. (Plaut. Poen. 1052)

    hāec mi hóspĭtálĭs téssĕrá cum illŏ́ fŭ́it.

Iambenkürzung in der Hebung des 5. Fußes ist äußerst
selten; eines der wenigen Beispiele ist Plaut. Amph. 1131:

    Bŏ́no ắnĭmŏ̄ es: ắdsum āuxĭ́lĭo, Ᾱmphĭ́trŭŏ̄, tĭ́bi ĕ́t tŭ́ĭs.

Aber Auflösung der 5. Hebung ist überhaupt selten. 27*)

79. Wortakzent und Iktus im Senar. 28*) Durch die
stehenden Cäsuren wird bewirkt, daß die tontragende Silbe
in Versmitte fast immer in die Hebung zu stehen kommt.
Anfang und besonders Schluß des Senars weisen öfters Widerspruch zwischen Akzent und Iktus auf. Doch entfallen manche
Diskrepanzen, wenn man sie unter dem Gesichtspunkt des
Wortgruppenakzents betrachtet, z. B. *intér se, ád forum,
nihiló minus.* Bei wechselnder Betonung sind syntaktische
Zusammengehörigkeit und Funktionsstärke im Sprechvers
ebenso entscheidend wie in der ungebundenen Rede.

**80. Vorkommen des Senars in der lateinischen
Dichtung.** Der iambische Trimeter war, wie bei Shake-
speare und den deutschen Klassikern der iambische Fünf-
füßler, das am meisten angewandte Dialogversmaß des griechischen Dramas. Livius Andronicus, Plautus und Terenz
sowie ihre dramendichtenden Zeitgenossen haben den Trimeter der griechischen Komödiendichter Menander, Philemon, Diphilos u. a. (4. Jahrhundert v. Chr.) in der schon
oben [2]) charakterisierten Weise zum Senar umgebildet.

Ein wesentlicher Unterschied im Bau zwischen dem
tragischen und komischen Senar, wie er zwischen
tragischem und komischem Trimeter in den griechischen
Dramen besteht, ist im altlateinischen Drama nicht festzustellen (allerdings besitzen wir von den altlateinischen Tragödien nur wenige Bruchstücke); nur haben sich im allgemeinen die ersten römischen Tragiker offenbar seltner als die
Komiker des Rechts der Auflösung der Hebung und der
Ausfüllung der Senkung mit zwei Kürzen bedient, während
sie oft vier oder fünf Senkungen mit einer Länge füllten.

Auch innerhalb der Stücke kann durch größere oder geringere Häufigkeit von Doppelkürzen in der Hebung und

---

[1]) S. Fn. 3 S 65.
[2]) 71.

Senkung (sowie von Elisionen) ein Unterschied des Inhalts angedeutet werden. Als Beispiel diene die Charakterisierung des bramarbasierenden Soldaten bei Plautus Mil. 10

    fŏrtem átquĕ fŏrtūnátum ĕt fŏrmā rḗgĭá

(der erste Vers der Eingangsszene mit nur 12 Silben; dazu Alliteration; ähnlich v. 57).

Der Senar behauptete seinen Platz bis zu den Übersetzungen griechischer Tragikerverse durch Cicero und den Versen des Mimographen Publilius Syrus. Nachdem er in der höheren Dichtung schon seit Catull durch den Trimeter in griechischer Art verdrängt war, lehnte sich der Freigelassene **Phädrus** in seinen Fabeln wieder an die volkstümlichere, alte Manier an (vgl. 81). Ja noch im 4. Jahrhundert hat **Ausonius** im *ludus septem sapientum* auf den längst außer Mode gekommenen Senar in einer allerdings ziemlich eintönigen Art (mit wenig Doppelkürzen in Hebung und Senkung) zurückgegriffen, um dem Spiel einen altertümlichen Anstrich zu geben.

81. Der iambische Senar des Phaedrus. 29*)

1. Das Schema des iambischen Senars des Phaedrus ist dasselbe wie das des altlateinischen Senars mit dem wesentlichen Unterschied, daß die Iambenkürzung bei ihm nicht mehr wirksam ist (wohl aber Endsilbenkürzung). Es kann also auch der zweite und vierte Fuß ein Spondeus oder ein Anapäst sein. Jede Hebung, außer der letzten, kann in zwei Kürzen aufgelöst werden, mit einigen Einschränkungen, von denen gleich die Rede sein wird. Das Schema sieht also so aus:

    ◡̰ ◡́ ◡̰ ◡̄́ ◡̰ ◡́ ◡̰ ◡́ ◡̰ ◡́ ◡ ◡̰́

z. B. 4, 22, 1: *hŏmŏ* [1]*)* *dóctŭs ĭn sē sémpĕr dĭvĭtĭás hábĕt.*

2. **Cäsur** wie im altlateinischen Senar meist nach der 3. Senkung (Penthemimeres), seltner nach der 4. Senkung (Hephthemimeres) [2]*)*, z. B.

1, 1, 1: *ád rívum éundēm ‖ lúpŭs ĕt ágnūs vénĕránt.*
1, 3, 7: *se ímmíscŭĭt pāvónūm ‖ fŏrmṓsṓ grĕgí.*

3. Der **Gebrauch der Auflösungen** und die **Ausfüllung** der Senkung ist in folgender Weise geregelt:

---

[1]) *hŏmŏ* Endsilbenkürzung, siehe **29**.
[2]) Siehe **73**.

a) **Auflösung der Länge des 5. Fußes** ist mit zwei Ausnahmen (5, 7, 22 und appendix 9, 6) nur gestattet, wenn der Vers mit vier- oder mehrsilbigem Worte schließt. Auch im 2. Fuß ist zweisilbige Hebung selten.

b) **Anapäst statt des Iambus** findet sich in der Regel nur im 1. und 5. Fuß und erscheint nie zweimal hintereinander.

c) „**Zerrissener Anapäst**"[1]) ist innerhalb des Verses verpönt. Ausnahmen im 3. Fuß: 1, 2, 23 *quŏnĭam ḗsset* (Elision); im 5. ·Fuß: 1, 5, 7 *quĭă | rḗx* (unsicher) und appendix 30, 10 *bĕnĕ̆ | prāédĭcā́s.*

d) **Prokeleusmatikus**[2]) findet sich öfter im 1. Fuß; im Versinnern als steigender[3]) Prokeleusmatikus 4, 11, 3 *qui²* *sacrile³gio* und appendix 2, 10 *co⁴nsilio ho⁵minibus*, als fallender[3]) 2 epil. 17 *ni³si melio⁴res* und 1, 22, 8, wo der Prokeleusmatikus bei Annahme von Synizese[4]) *benficium* vermieden wird.

Beispiele:
Zu a: *ād cṓnsŭlḗndōs cúrrĭt māérēns hárĭŏlṓs* (3, 3, 6).
Zu b: *lăcĕrắtūs quídām mṓrsū vĕhĕmḗntís cănís* (2, 3. 1).
Zu d: *ĭtă cắpŭt ād nṓstrūm fúrŏr ĭllṓrūm pértĭnĕ́t* (1, 30, 11).

4. Im 2., 3. und 4. Fuß dürfen Wörter, die auf Spondeus, Anapäst oder Daktylus endigen, nicht stehen.

5. Der Senar darf nicht auf zwei Iamben endigen, außer

a) wenn das letzte Wort des Verses aus mehr als drei Silben besteht oder

b) wenn das letzte Wort aus drei Silben besteht und ihm ein mehrsilbiges Wort vorhergeht oder

c) wenn die letzten vier Silben des Verses auf zwei Wörter verteilt sind, die eng zusammen gehören (z. B: *ămīcŭs ēst*; *ĭn ōtĭŏ*).

Auch iambisches Wortende darf den 5. Fuß des Senars nicht bilden. Dagegen ist ohne Anstoß Versschluß auf ein diiambisches Wort, z. B. 1, 2, 10

rānā́e văgắntēs lĭbĕrís pălúdĭbús.

---

[1]) Siehe **77.**
[2]) Vgl. **76.**
[3]) Vgl. **85 A.**
[4]) Siehe **21.**

82. Der iambische Septenar.

1. **Form. Diärese und Cäsur.** Der Vers besteht aus 7 Füßen (daher der Name Septenar) und einer weiteren Silbe; er ist also in Wirklichkeit ein katalektischer [1]) iambischer Achtfüßler. Prinzipiell kann jede Senkung durch eine kurze oder eine lange Silbe und jede außer der letzten durch zwei kurze Silben, jede Hebung durch eine lange oder zwei kurze Silben gebildet werden.

Gewöhnlich hat der Vers eine **Diärese** [2]) nach dem 4. Fuß; dann muß der 4. Fuß ein reiner Iamb ɜ sein, z. B.

sĕd sĕquĕrĕ me: ăd ĕām rem ŭsŭs ĕst ‖ tŭă mĭhi ŏpĕra. ŭtĕre ŭt vis
(Plautus Persa 328).

Sehr selten bei Plautus, etwas häufiger bei Terenz, tritt eine **Cäsur** [2]) nach der 5. Senkung ein, z. B.

făcĕtē dĭctūm: mĭră vĕrō ‖ mīlĭtī quāe plăcĕănt
(Terenz Eun. 288).

2. Ist **die letzte Silbe des Verses ein einsilbiges Wort**, so muß die 7. Senkung von einer Kürze ausgefüllt werden, z. B.

ātque ŭt dĕŏ mi hīc ĭmmŏlăs ‖ bŏvĕm: nam ĕgŏ tĭbĭ Sălŭs sŭm
(Plautus Asin. 713).

3. Plautus hat in der **Diärese** öfters **Hiat** und **syllaba anceps** [1]), er behandelt also den Schluß des ersten Halbverses, als ob er ein Versschluß wäre; Terenz gestattet sich diese Freiheit selten. Beispiele:

sī pŏl mē nŏlēt dŭcĕrĕ ‖ ūxŏrēm gĕnŭa āmplēctār
(Plautus Mil. 1239)

quisque ŏbvĭam hūc ōccēssĕrĭt ‖ ĭrătō, văpŭlăbĭt
(Plautus Asinaria 404).

4. Im übrigen gelten für den **iambischen Septenar** die oben 74 bis 77 für den **Senar** aufgestellten Regeln. Beispiel für daktylisches Wort im ersten Fuß:

ōmnĭbŭ' mŏdĭs qui pāupĕrĕs sūnt hŏmĭnēs mĭsĕrī vīvōnt
(Plaut. Rudens 290).

5. Der **iambische Septenar** ist eine freie Nachbildung des griechischen katalektischen iambischen Tetrameters (erhalten z. B. in den Komödien des **Aristophanes**, Ende

---

[1]) Vgl. oben **37**.
[2]) Siehe oben **36**.

des 5. Jahrhunderts v. Chr.). Der Vers wurde, soviel wir wissen, nur von den Komödien-, nicht den Tragödiendichtern des altlateinischen Theaters gebraucht. Plautus (ca. 1300 Verse) und Terenz (ca. 380 Verse) verwandten ihn verhältnismäßig ungefähr gleich oft. Vereinzelte Beispiele begegnen noch in den Satirae Menippeae Varros (ebenso iambische Oktonare).

83. Der iambische Oktonar.

1. Er besteht aus acht Füßen (daher der Name Oktonar); jede Senkung kann statt aus einer Kürze aus einer Länge oder zwei Kürzen bestehen, nur die letzte muß eine Kürze sein, ebenso die vierte, wenn nach dem vierten Fuß Diärese [1]) eintritt, was häufig der Fall ist. Demnach sind die Möglichkeiten im Falle, daß Diärese steht, folgende:

$$\overset{\prime}{\smile\smile}\ \overset{\prime}{\smile\smile}\ \overset{\prime}{\smile\smile}\ \overset{\prime}{\smile\smile}\ \overset{\prime}{\smile\smile}\ \smile\underline{\smile}\ \|\ \overset{\prime}{\smile\smile}\ \overset{\prime}{\smile\smile}\ \overset{\prime}{\smile\smile}\ \overset{\prime}{\smile\smile}\ \smile\underline{\smile}$$

z. B. (Plautus Amph. 185):

făcĭt ĭllĕ quŏd vōlgo haūd sŏlént, ūt quĭd sē sĭt dĭgnŭm scĭắt.

Wenn Diärese steht, so ist wie im iambischen Septenar (s. 82) vor ihr Hiat und Syllaba anceps gestattet, z. B.

me ā pŏrtū praēmĭsĭt dŏmŭm ‖ *ūt haēc núntĭem úxŏrĭ sŭaē*
(Plautus Amph. 195)

prōptĕrĕā quŏd ămāt fĭlĭŭs ‖ *ĕgŏn ĭstūc fắcĕrēm? crĕdĭdĭ*
(Ter. Andr. 584).

Steht keine Diärese, so steht zum Ersatz meist Cäsur nach der 5. Senkung. Es bestehen dann folgende Möglichkeiten:

$$\overset{\prime}{\smile\smile}\ \overset{\prime}{\smile\smile}\ \overset{\prime}{\smile\smile}\ \overset{\prime}{\smile\smile}\ \overset{\prime}{\smile\smile}\ \overset{\prime}{\smile\smile}\ \overset{\prime}{\smile\smile}\ \smile\underline{\smile}$$

z. B. (Plautus Amph. 194):

rēgĭquĕ Thēbānŏ Crĕŏnī rĕgnŭm stăbĭlĭvĭt sŭŏm.

Auch für den iambischen Oktonar gelten die oben unter 76 und 77 für den iambischen Senar aufgestellten Regeln.

Wahrscheinlich sind an einigen Stellen bei Plautus Oktonare anzunehmen, die miteinander insofern verbunden sind, als das Schlußwort des einen in den andern Oktonar hineinreicht, z. B. (Plautus Amph. 1067 f.):

---

[1]) Siehe oben **36.**

ūt iăcŭi, ēxsūrgo. ārdērĕ cēnsŭi aēdis, ĭtă tūm cŏnfūlgē-
bānt. ĭbĭ mɛ̆ inclāmāt Ālcŭmēnă, iam ĕă rēs me hŏrrōre āffĭcĭt.
Vielleicht kann man hier von einem System reden (vgl. **40**).
An einigen Stellen findet sich der iambische Oktonar
,,synkopiert" [1]), d. h. die erste Senkung des 2. Halbverses
ist weggelassen, z. B. Plautus Persa 1:
quĭ āmāns ĕgēns ingrēssŭs ēst ‖ prĭncēps ĭn ămōrĭs vĭds.
2. Aus griechischen Komödien ist uns ein akatalektischer iambischer Tetrameter, der für den Oktonar das
Vorbild sein muß (genau so wie der Trimeter für den Senar,
der katalektische iambische Tetrameter für den iambischen
Septenar), nicht erhalten, dagegen kommt der Vers in dem
bruchstückweis in Aegypten gefundenen Satyrspiel von
Sophokles ,,Die Spürhunde" vor, und zwar mit und ohne
Diärese (im letzteren Fall mit Cäsur nach der 5. Senkung).
Plautus hat die Form mit Diärese bevorzugt, Terenz die
ohne Diärese. Letzterer hat den iambischen Oktonar viel
häufiger verwendet als ersterer (Plautus in ca. 700 Versen,
Terenz in ca. 870). In Tragikerfragmenten findet er sich
verhältnismäßig oft bei Accius.

84. Iambische Dimeter.

Der gebräuchliche Name Dimeter trifft eigentlich nicht den
Charakter der Verse, die aus 4 Füßen, nicht aus 2 Metra bestehen. Sie werden bei Plautus in den Cantica entweder in
längeren Reihen von einer Person systemartig herunter-
gesungen oder im scherzhaften Wechselgesang verwandt; auch
als Klauseln am Ende längerer metrischer Perioden kommen
sie vor (siehe **144**).
1. Der akatalektische iambische Dimeter besteht
ursprünglich aus vier Iamben; jede von den ersten drei
Senkungen des Verses kann statt durch eine Kürze durch
eine Länge oder (selten!) zwei Kürzen ausgefüllt sein, z. B.
(Plautus Epid. 27 ff.):

> *ăt ūnum ā praētūră tŭă,*
>
> *Ēpĭdĭce, ăbēst. — quĭdnăm? — scĭēs:*
> *lictŏrēs dŭŏ, dŭo ŭlmĕt*
> *fāscēs virgărūm. — vae tĭbĭ;*

---

[1]) Auch der iambische Septenar (**82**) kann synkopiert sein, z. B.
Plautus Curc. 103, Rudens 945 f.

oder (Plautus Cas. 713, 714):

ŏpĕrám dăbŏ. — făce ŭt ímpĕtrés.

Im übrigen gelten für den akatalektischen iambischen Dimeter dieselben Regeln wie für die vier letzten Füße des iambischen Senars und Oktonars.

2. Der katalektische iambische Dimeter hat das Schema ⏑̆ ⌣ ⏑̆ ⌣ ⏑̆ ⌣ ⏝. Er ist zwischen iambischen Langversen selten, häufiger erscheint er bei Bakcheen, worüber unter 117.

II. Trochäen.

Der Trochäus ist das Versmaß, in dem infolge des Überwiegens der Einschnitte nach der Senkung die den Wortton tragende Silbe nach den lateinischen Betonungsgesetzen am häufigsten in die Hebung zu stehen kommt.

85. Der trochäische Septenar. 30*)

1. Der trochäische Septenar [1]) besteht aus 7 vollständigen Füßen und einer weiteren Silbe, die lang oder kurz sein kann. Sohin ist er in Wirklichkeit ein katalektischer trochäischer Achtfüßler. In allen Senkungen können statt einer Kürze zwei Kürzen oder eine Länge stehen; nur die 7. Senkung muß rein sein. Jede Hebung, außer der letzten, kann aufgelöst werden. Schema:

⏕́ ⏕ ⏕́ ⏕ ⏕́ ⏕ ⏕́ ⏕ ⏕́ ⏕ ⏕́ ⏕ ⏕́ ⏕ ⏑ ⏒́

2. Diärese, Cäsur. Gewöhnlich steht nach der 4. Senkung eine Diärese, z. B. Plautus Poen. 864:

mé nōn pérdēnt: íllum ūt pérdānt ‖ fácĕrĕ póssūm, sí vélím.

Fehlt diese Diärese, so steht fast immer eine Cäsur nach der 4. Hebung, z. B. Plautus Trin. 656:

út rēm pátrĭam ēt glórĭám ‖ māiórūm fŏedārḗm mĕúm.

Steht Diärese, so darf die 4. Senkung nicht aus zwei Kürzen bestehen.

Hiat in der Diärese kommt bei Plautus (nicht bei Terenz) vor, z. B. Plautus Curc. 567:

Prĭŭ' quām te hŭíc mĕáe măcháerae ‖ óbĭcĭó, māstígĭá.

---

[1]) Unter der Bezeichnung Septenar schlechthin versteht man den trochäischen. Die Römer nannten ihn auch versus quadratus.

Auch nach der 2. oder 6. Hebung findet sich zuweilen Hiat
oder syllaba anceps, z. B. Plautus Curc. 602:

pătĕr ĭstŭm mĕŭ' gĕstĭtăvĭt ‖ ăt mĕă mātĕrtĕră [1]).

3. Wie im iambischen Senar die 5. Senkung keine Kürze
sein darf, wenn iambisches Wort am Versschluß steht, so
darf im trochäischen Septenar die 6. Senkung keine Kürze
sein, wenn am Versschluß iambisches Wort steht. Ausgenommen sind auch im trochäischen Septenar die oben beim
Senar unter 75 mitgeteilten Fälle, sinngemäß auf den Schluß
des Septenars angewandt.

4. Die beim Senar unter 76 mitgeteilten Regeln bei Auflösung der Hebung gelten sinngemäß auch für den
trochäischen Septenar.

Wie in den iambischen Versen zerrissener Anapäst, so wird
im trochäischen Septenar ein „zerrissener Daktylus"
vermieden. Wird also eine Senkung im Septenar durch zwei
Kürzen ausgefüllt, so darf mit keiner der Kürzen ein mehrsilbiges Wort enden, außer wenn ein pyrrhichisches Wort
in der Senkung steht. Unbedenklich ist also zwar folgende
Worttrennung (Plautus Curc. 333):

Rĕspŏndĭt | mĭhĭ | paucĭs vĕrbĭs ătque ădĕŏ fĭdēlĭtĕr.

Dagegen ist eine Ausnahme Plautus Merc. 600:

trĭstĭs | ĭncēdĭt, pĕctŭs ărdĕt: haerĕŏ, quāssăt căpŭt

(*incedit* mit Iambenkürzung des *in-*; der Daktylus *trĭstĭs ‖ in-*
ist „zerrissen", weil die erste Kürze „-tis" Endsilbe eines
Wortes ist).

Nur im 1. Fuß des trochäischen Septenars findet sich zuweilen ein daktylisches Wort, so daß hier die Regel durch-
brochen wird, z. B. Plautus Men. 386:

*ăccĭpĕ | dum hŏc. iām scĭbo, ŭtrum haec mē măge ămēt ăn mār-
sŭppĭŭm.*

5. Auch der trochäische Septenar ist (wie der iambische
Senar) einem Dialogversmaß der griechischen Tragödie und
Komödie, dem katalektischen trochäischen Tetrameter [2]),
nachgebildet. Nach dem Senar wird er im Drama am häufig-

---

[1]) Ob der Umstand, daß nach der 2. oder 6. Länge Hiat oder
Syllaba anceps möglich ist, Schlüsse auf die ursprüngliche Zusammensetzung des Verses zuläßt, ist fraglich. Ueber Hiat und syllaba anceps
als Kennzeichen des Versschlusses vgl. 87.

[2]) Vgl. 105.

sten verwendet. Als Nachahmung einer bei griechischen Komödientetrametern nicht selten zu beobachtenden Eigentümlichkeit wird man die häufige Dreiteilung des Verses bei Plautus anzusehen haben, z. B. Pseud. 695:

scîs ămôrêm, | scîs lăbôrêm, | scîs ĕgĕstātĕm mĕăm.

Diese Dreiteilung findet sich wieder bei Versen, die römische Soldaten der Kaiserzeit auf ihre Cäsaren gemacht haben; der trochäische Septenar ist offenbar, so dreigeteilt, populär gewesen. Aus der Kunstdichtung verschwindet er im 1. Jahrhundert v. Chr. und wird durch den katalektischen trochäischen Tetrameter griechischer Art ersetzt [1]).

86. Der trochäische Oktonar.

Der trochäische Oktonar besteht aus acht Füßen (daher der Name Oktonar). Jede seiner Hebungen darf aufgelöst, jede seiner Senkungen durch Kürze oder Länge ausgefüllt werden; auch Doppelkürze ist in allen Senkungen außer der 4. und 8. erlaubt. Beispiel:

núllŭs ĕs, Gĕtă, nĭsĭ iam ălĭquŏd tĭbĭ cōnsĭlĭŭm cĕlĕrĕ rĕpĕrĭs
(Terenz Phormio 179).

2. Daß in der 4. Senkung Doppelkürze gemieden wird, hängt damit zusammen, daß fast stets nach dem 4. Fuß Diärese eintritt. Auch Hiat ist in dieser Diärese erlaubt.

3. Die oben für den trochäischen Septenar unter 85 aufgestellten Regeln gelten auch für den Oktonar.

4. Trochäische Oktonare sind auf melische Partien des altlateinischen Dramas (150 mal bei Plautus, 90 mal bei Terenz) beschränkt (vereinzelt bei Varro sat. Men.). Sie erscheinen in Momenten höchster Aufregung, ähnlich wie in den lebhafteren Szenen der Komödien des Aristophanes trochäische Tetrameter. Zuweilen wird eine Reihe trochäischer Oktonare als Einheit systemartig zusammengefaßt und durch einen trochäischen Septenar abgeschlossen (nahezu regelmäßig beim Übergang von trochäischen Oktonaren zu iambischen Oktonaren).

87. Trochäische Dimeter.

Zur Bezeichnung und Verwendung vgl. unter 84.

1. Der akatalektische trochäische Dimeter ist genau so gebaut wie die 2. Hälfte des trochäischen Oktonars.

---

[1]) Vgl. 105.

Das Schema ist also

$$\underset{\smile}{\overset{\smile}{-}} \; \underset{\smile}{\overset{\smile}{-}} \; \underset{\smile}{\overset{\smile}{-}} \; \underset{\smile}{\overset{\smile}{-}} \; \underset{\smile}{\overset{\smile}{-}} \; \underset{\smile}{\overset{\smile}{-}} \; \, \underline{\;} \; \; \underline{\;}$$

Doch ist relativ selten eine Senkung durch 2 Kürzen ausgefüllt. Beispiel (Duett, Plautus Persa 29 a-31):

> *quĭd iām? — quĭa ĕrūs pĕrĕgrĭst. — āĭn tū?*
> *pĕrĕgrĭst? — sĭ tū tĭbĭ bĕne ĕssĕ*
> *pŏtĕ pătĭ, vĕnĭ: vīvēs mēcŭm.*
> *băsĭlĭco ăccĭpĭĕrĕ vĭctŭ.*

4. Der **katalektische trochäische Dimeter** ist um eine Silbe kürzer als der eben besprochene Vers; auch in ihm kann in den Senkungen statt einer Kürze eine Länge oder es können zwei Kürzen stehen; rein sein muß jedoch die 3. Senkung. Das Schema ist also:

$$\underset{\smile}{\overset{\smile}{-}} \; \underset{\smile}{\overset{\smile}{-}} \; \underset{\smile}{\overset{\smile}{-}} \; \underset{\smile}{\overset{\smile}{-}} \; \, \underline{\;} \; \smile \; \underline{\overset{\smile}{\;}}$$

rĕspĭcĕ vērō Thĕsprĭo. — ŏh (Plautus Epid. 3).

Der katalektische trochäische Dimeter wird nicht nur in Reihen im Ensemble, sondern auch als Klausel am Ende längerer Perioden anderer Verse, besonders kretischer, gebraucht. Siehe das Nähere unten 122.

B. Iamben und Trochäen nach griechischer Art.

Wie die Neoteriker die Technik des lateinischen Hexameters nach dem Vorbild der Alexandriner verfeinerten, so ist ihr hervorragendster Vertreter, Catull, der erste, bei dem sich Iamben und Trochäen nur mehr in genauerer Befolgung der griechischen Versregelung finden.

I. Iamben.
Der iambische Trimeter.

88. Der Trimeter [1]) weist folgendes Schema auf:

$$\underset{\smile}{\overset{\smile}{-}} \; \underset{\smile}{\overset{\smile}{-}} \; \smile \; \overset{\smile}{-} \; \vdots \; \underset{\smile}{\overset{\smile}{-}} \; \underset{\smile}{\overset{\smile}{-}} \; \smile \; \overset{\smile}{-} \; \vdots \; \underset{\smile}{\overset{\smile}{-}} \; \overset{\smile}{-} \; \smile \underline{\overset{\smile}{\;}}.$$

Beispiele:

> *pēr cōnsŭlátūm pĕrĭĕrát Vătĭnĭŭs*
> (Catull 52, 3)
> *ōptát quĭĕtĕm Pĕlŏpĭs ĭnfĭdĭ pătĕr*
> (Horaz epod. 17, 65).

---

[1]) Vgl. **35** B.

Die erste Senkung jedes Metrums kann aus einer Kürze, einer Länge oder zwei Kürzen bestehen, die 2. Senkung jedes Metrums muß eine Kürze sein. Die Hebungen können alle aufgelöst sein außer der letzten. Hinsichtlich der Praxis der Zulassung von Doppelkürzen in Hebung und Senkung und der Gestaltung des 5. Versfußes läßt sich ein Unterschied zwischen lyrischen und tragischen Trimetern erkennen. Vorliebe für Spondeen in den ungeraden Füßen des Trimeters ist ein Merkmal tragischen Stils.

89. Die Cäsur steht meist nach der 3. Senkung (Penthemimeres)[1]), zuweilen nach der 4. Senkung (Hephthemimeres)[1]).

Beispiel für Penthemimeres:

$bĕātŭs$ $íllĕ$ ‖ $quí$ $prŏcúl$ $nĕgŏtíĭs$ (Hor. epod. 2, 1).

Beispiel für Hephthemimeres:

$ŭbi$ $ístĕ$ $póst$ $phăséllŭs$ ‖ $ántĕā$ $fŭít$ (Catull 4, 10).

Die Hephthemimeres findet sich nur bei Catull und Vergil etwas häufiger, selten bei Horaz und insbesondere bei Seneca und Petron. Bei fortschreitender Schematisierung des Versbaues wurde allmählich die semiquinaria[1]) als allein berechtigte Cäsur angesehen.

Durch Elision verdunkelt ist die Cäsur beispielsweise in den Priapea 85 (Verg. 2), 4

$ĕríquĕ$ $víllŭl(am)$ ‖ $hŏrtŭlúmquĕ$ $pa͞upĕrís.$

Cäsurlose Trimeter begegnen selten (bei Seneca und Petron überhaupt nicht). Bei Horaz epod. 11, 15

$quōdsí$ $mĕís$ $īna͞estŭĕt$ $praͤecŏrdíĭs$
$lĭbĕrā$ $bílĭs$

kann die ungewöhnliche Versbildung durch das Kompositum entschuldigt sein (ähnlich 1, 19).

Dreigliedrigkeit liegt vor bei Vergil catalepton 12, 9

$thălássĭŏ,$ $thălássĭŏ,$ $thălássĭō.$

Elision in der Cäsur ist von Seneca an eine ganz singuläre Erscheinung. Ein Hiat in der Cäsur ist im Trimeter verpönt. Einsilbiges Wort nach Wortschluß in der 2. (und 3.) Hebung, schon im altlateinischen Senar selten, wurde später (mit ganz wenigen Ausnahmen) völlig gemieden; monosyllabum war nur nach einsilbigem, pyrrhichischem oder elidiertem Wort zulässig.

---

[1]) Vgl. 78.

90. Seneca und Petron haben es strikt vermieden, den fünften Fuß durch ein i a m b i s c h e s Wort oder iambischen Wortschluß auszufüllen [1]). Für Catull und die augusteischen Dichter galt eine solche Regel n i c h t; z. B. Catull 52, 2

sḗlla ín cŭrúlĭ strŭmă Nŏnĭús sĕdĕt

Vergil catal. 13, 17

quíd pállŭĭstĭ fémĭna? ắn ĭŏcĺ dŏlĕnt?

Seneca und Petron haben fast stets l a n g e 5. Senkung auch bei Ausfüllung des letzten Metrums durch ein viersilbiges Wort (Seneca unter 76 Fällen nur 5mal mit Kürze) und ebenso auch bei W o r t e n d e v o r s c h l i e ß e n d e m K r e t i - k u s, was im lyrischen und tragischen Trimeter der Griechen verboten war (lex Porsoni). Andere römische Iambendichter haben in diesem Falle sowohl kurze (Horaz stets in der 17. Epode) als auch lange Endsilbe zugelassen. Von einsilbigen Wörtern wird an Versende fast nur *est* verwendet; andere monosyllaba stehen an letzter Versstelle nur nach einsilbigem Wort (mit deutlicher Absicht Horaz epod. 11, 21 *ad nón amícos heú mihí postís et heŭ | límina dúra*).

91. A u f l ö s u n g e n d e r H e b u n g e n finden sich am häufigsten in den Tragödien Senecas. Im spätlateinischen Trimeter verschwinden sie mehr und mehr; in der christlichen Hymnendichtung sind sie fast ungebräuchlich.

Im z w e i t e n Teil des Trimeters sind sie überall seltner, damit das Metrum rein ausklingt. Die 5. Hebung ist nur bei Seneca 5mal aufgelöst, z. B. Medea 266

tū, tú, mălŏrūm máchĭnắtrix fắcĭnŏrŭm.

Wo die zwei eine lange Hebung vertretenden Kürzen auf z w e i Wörter verteilt sind, darf die erste Kürze nicht die Schlußsilbe eines Wortes von mehr als 2 Silben sein.

Bei Seneca kommt ungefähr 20mal die Ausfüllung des 1. Fußes durch ein d a k t y l i s c h e s Wort vor, z. B. Medea 706

Cōngĕrĭt ĭn únŭm frŭgĭs ĭnfaŭstaĕ mălă.

P r o k e l e u s m a t i k u s ist bei Seneca im ersten Fuß zugelassen, z. B. Medea 488

tĭbĭ pắtrĭă céssĭt, tĭbĭ pắtĕr, frātĕr, pŭdŏr.

---

[1]) Vgl. 75.

Er kann auch aus einem einzigen Wort bestehen wie
Phaedra 1275

$p\breve{a}t\breve{e}j\acute{a}c\bar{\imath}te\ \breve{a}c\acute{e}rb\bar{a}m\ c\acute{a}ed\breve{e}\ f\acute{u}n\bar{e}st\acute{a}m\ d\breve{o}m\acute{u}m.$

Eine Ausnahme ist fallender Prokeleusmatikus (im Versinnern)
Thyestes 1052

$sc\breve{e}l\breve{e}r\acute{\imath}\ m\breve{o}d\acute{u}s\ d\bar{e}b\acute{e}t\breve{u}r\ \acute{u}b\bar{\imath}\ f\breve{a}c\acute{\imath}\breve{a}s\ sc\breve{e}l\acute{u}s.$

92. **Anapäste** begegnen bei Horaz und Martial nur im
1. und 5. Fuß, bei Seneca ausnahmsweise auch im 3. Fuß.
Der Anapäst wird bei Horaz immer durch ein einziges
Wort gebildet. Wortschluß nach der ersten oder zweiten
Kürze („zerrissener Anapäst") findet sich in der Regel
nur im 1. Fuß, z. B.

Sen. Herc. Oetaeus 419

$qu\breve{o}d\ |\ \breve{a}m\acute{e}t\ r\breve{e}qu\acute{\imath}r\breve{\imath}t,\ v\acute{\imath}rg\breve{\imath}n\acute{u}m\ th\breve{a}l\breve{a}m\acute{o}s\ p\breve{e}t\acute{\imath}t$

und 963

$s\breve{e}d\ |\ \breve{e}t\ |\ \acute{\imath}ll\breve{a}\ f\acute{u}g\breve{\imath}\breve{e}t\ t\acute{u}rb\breve{a}\ t\acute{a}m\ d\bar{\imath}r\acute{a}s\ m\breve{a}n\acute{u}s,$

im 5. Fuß nur bei Elision (bzw. Aphäresis [1]) oder pyrrhichischem Wort in der Senkung, z. B.

Martial 1, 49, 41

$n\bar{o}n\ \acute{\imath}mp\breve{u}d\acute{e}nt\bar{e}r\ v\acute{\imath}t\breve{a}\ qu\breve{o}d\ r\breve{e}l\breve{\imath}qu\acute{u}m\ (e)st\ p\breve{e}t\acute{\imath}t$

Sen. Herc. Oetaeus 757

$n\bar{u}nc\ v\acute{\imath}d\breve{u}\breve{a},\ n\acute{u}nc\ \bar{e}xp\acute{u}ls\breve{a},\ n\acute{u}nc\ f\breve{e}r\breve{a}r\ \acute{o}br\breve{u}t\acute{a}.$

93. **Mehrmalige Doppelkürze** in einem Vers begegnet
schon bei Horaz, z. B. epod. 2, 35

$p\breve{a}v\acute{\imath}d\acute{u}mqu\breve{e}\ l\acute{e}p\breve{o}rem\ \breve{e}t\ \acute{a}dv\breve{e}n\acute{a}m\ l\breve{a}qu\breve{e}\acute{o}\ gr\breve{u}\acute{e}m$

epod. 17, 12

$\bar{a}l\acute{\imath}t\breve{\imath}b\breve{u}s\ \acute{a}tqu\breve{e}\ c\acute{a}n\breve{\imath}b\breve{u}s\ h\acute{o}m\breve{\imath}c\bar{\imath}dam\ H\acute{e}ct\breve{o}r\breve{e}m.$

Besonders Seneca versteht es, durch die Wahl von Versen mit
oder ohne Doppelkürzen den Stimmungsgehalt auszudrücken.
In Versen mit stärkstem Pathos können sogar **vier** dreisilbige Füße vorkommen wie Medea 170

$m\breve{o}r\breve{\imath}\breve{e}r\breve{e}.\ -\ c\acute{u}p\breve{\imath}\bar{o}.\ -\ pr\acute{o}f\breve{u}g\breve{e}.\ -\ p\acute{a}en\breve{\imath}t\acute{u}tt\ f\breve{u}g\acute{a}e.$

94. Durch die Bildungsgesetze der Cäsur (vgl. 89) kommt
es, daß in Versmitte der Wortton fast stets mit dem Iktus

---

[1]) Vgl. **18** Zusatz.

übereinstimmt. Am Versende ist bei Seneca in 90 von 100 Versen Diskrepanz festzustellen. In den späteren Trimetern nimmt der Widerspruch immer mehr ab.

Alle Trimeter des Eugenius Toletanus (7. Jhd.) und nahezu alle des Sidonius Apollinaris (5. Jhd.) gehen so aus, daß in der 5. Hebung die den Wortton tragende Silbe eines drei- oder viersilbigen Wortes steht.

95. Der iambische Trimeter ist in die griechische Literatur eingeführt worden von Archilochos (7., Jahrhundert v. Chr.), der ihn, wie andere Lyriker nach ihm, in Schmähgedichten gebrauchte. Er ist dann in Athen in Tragödie, Satyrspiel, Komödie individuell ausgestaltet und viel verwandt worden. In der römischen Dichtung beginnt er sich seit dem 1. Jahrhundert v. Chr. durchzusetzen. Unter den 124 Trimetern in den saturae Menippeae Varros ist fast die Hälfte rein gebaut, aber daneben erscheinen doch auch noch altlateinische Senare nicht nur im gleichen Stück sondern auch im nämlichen Abschnitt. Catull hat nur ein paar Trimeter geschrieben; seit Horaz (epod. 1—11; stichisch epod. 17) und Vergil (catalepton) wird der Vers beliebt; Petron und Martial verwenden ihn; beim Tragiker Seneca (und in der praetexta Octavia) ist er wie in der griechischen Tragödie der Dialogvers schlechthin. Schließlich werden in ihm sogar Epen und Lehrgedichte verfaßt, die sonst meist hexametrische Form haben. Auch christliche Hymnen in Trimetern gibt es.

96. Als eine Abart des iambischen Trimeters ist der tri- meter purus, ein iambischer 6-Füßler, anzusehen, in dem jeder Fuß von einem reinen Iambus gebildet ist. In der griechischen Literatur sind Gedichte, die vollständig auf diese Weise geformt sind, nicht nachzuweisen. Wir finden diesen Bau des Trimeters zuerst bei Catull in Gedicht 4 (zur Veranschau- lichung der schnellen Fahrt des phasellus) und 29 (einem Schmähgedicht), dann bei Vergil in den kleinen Gedichten catalepton 6, 12 und 10 (Parodie auf Catulls Gedicht 4), bei Horaz epod. 16 (in Verbindung mit dem Hexameter) und in den Priapea 82 und 85. Er stellt sich als ein metrisches Kunst- stück dar, das für die lebendige Verskunst der Römer keine Bedeutung hat.

97. Der Hinkiambus (griechisch Choliambus). **31*)**

1. Er ist gebaut wie ein iambischer Trimeter (siehe oben 88), jedoch mit dem Unterschied, daß dessen letzte Senkung lang, die vorletzte kurz [1]) sein muß [2]). Das Schema ist also:

$$\bar{\cup} \cup \cup \bar{\angle} \bar{\cup} \cup \bar{\angle} \cup \bar{\cup} \cup \bar{\angle} \times$$

2. Die Cäsur steht meist nach der dritten, seltener nach der vierten Senkung. Beispiel für die Penthemimeres [3]):

mĭsĕr Cătúllĕ, ‖ dĕsĭnás ĭnĕptírĕ (Catull 8, 1).

Beispiel für die Hephthemimeres [3]):

ĕt quód vĭdĕs pĕríssĕ, ‖ pĕrdĭtúm dúcās (Catull 8, 2).

3. Am Versschluß steht kein einsilbiges Wort außer zuweilen *est, sum, quis*. Ebenso ist einsilbiges Wort vor der Cäsur ganz selten. Wortakzent und Versrhythmus stimmen oft in ganzen Versen genau überein (fast regelmäßig in der zweiten Vershälfte).

4. Auflösung der Hebung ist sehr selten; Anapäst statt des Iambus findet sich nur im ersten Fuß (nicht bei Catull).

5. Der Name Hinkiambus wurde dem Vers gegeben, weil er wegen der Länge des vorletzten Halbfußes etwas Schleppendes an sich hat. Der griechische Erfinder, Hipponax (6. Jahrhundert v. Chr.), verwandte ihn in seinen Schmähgedichten; in der früheren Hellenistenzeit (3. Jahrhundert v. Chr.) haben die Griechen Kallimachos und Herondas den Vers zu neuem Leben erweckt; der letztere schrieb kleine Szenen aus dem täglichen Leben (sog. Mimiamben) in dem Versmaß des Hipponax. Seit Laevius, Varro, Cinna, Calvus, Matius [4]) erscheinen die Hinkiamben in Rom; Matius hat Mimiamben nach Herondas verfaßt. Catull (8, 22, 31, 37, 39, 44, 59, 60) ahmt die Verstechnik des Kallimachos nach, der im Gegensatz zu Hipponax selten die Hephthemimeres und in der 5. Senkung keine lange Silbe zuläßt. Auch die Seltenheit der aufgelösten Hebung bei Catull steht im Einklang mit der Technik des Kallimachos, im Widerspruch zu der des Hipponax. Der Hinkiambus des Vergil (catal. 2, 5) und der Priapea, des Petron, Persius und Martial weicht nicht erheblich von dem Catulls

---

[1]) Nur bei Varro kommt auch lange vorletzte Senkung vor.
[2]) Anaklasis (ἀνάκλασις) = Zurückbiegen des Rhythmus; Quantitätsverschiebung.
[3]) Siehe unter 73.
[4]) Siehe unter 42.

ab. Der Charakter der in Hinkiamben verfaßten Gedichte ist meist komisch oder satirisch.

98. Der katalektische [1]**) iambische Trimeter** (Hor. carm. 1, 4; 2, 18).

1. Er hat dieselbe Form wie der oben 88 besprochene iambische Trimeter, doch hat sein 3. Metrum am Schluß eine Silbe weniger, er ist also katalektisch [1]). Die Cäsur steht immer nach der 3. Senkung. Die 5. Senkung ist immer kurz. Auflösungen der Hebung und zwei Kürzen in der Senkung gibt es bei ihm fast nicht [2]). Das Schema sieht so aus:

$$\cup \perp \cup \perp \cup \perp \, \| \, \perp \cup \perp \cup \perp \cup \perp \cup$$

sătĭs bĕātŭs ūnĭcĭs Săbīnĭs (carm. 2, 18, 14).

In carm. 2, 18 ist die erste Silbe mit zwei Ausnahmen (Vers 6 und 34) kurz, in carm. 1, 4 mit einer Ausnahme (Vers 2) lang. Wortakzent und Versrhythmus stimmen überein, soweit dies ungezwungen möglich ist. Der Vers kommt nur in Verbindung mit anderen Versmaßen vor.

99. Der akatalektische iambische Dimeter.

1. Sein Schema ist analog dem des iambischen Trimeters [3]):

$$\overset{\smile}{=} \; \overset{\prime}{\overset{\smile}{=}} \; \cup \; \overset{\smile}{=} \; \Big| \; \overset{\smile}{=} \; \perp \; \cup \; \overset{\prime}{=}$$

Horaz epod. 2, 22 *Sĭlvānĕ, tūtŏr fīnĭŭm.*

Es gelten dieselben Regeln wie für die zwei letzten Metra des Trimeters hinsichtlich der Auflösung der Hebungen und Ausfüllung der Senkungen. Horaz löst im iambischen Dimeter Hebungen sehr selten auf, nie läßt er eine Senkung aus zwei Kürzen bestehen. Dagegen ist die vorletzte Senkung bei ihm wie bei andern meist eine Länge. — Cäsur findet sich überwiegend nach der zweiten oder dritten Senkung:

Horaz epod. 1, 2 *ămīcĕ, ‖ prōpūgnācŭlă.*
2, 14 *fĕlĭcĭōrēs ‖ ĭnsĕrĭt.*
Sen. Agamemnon 773 f.
ēxŭltăt ‖ ĕt pōnĭt grădŭs
pătĕr dĕcŏrōs ‖ Dărdănŭs.
Imp. Hadrian frg. 3 Morel
ănĭmŭlă | văgŭlă | blāndŭlă.

---

[1]) Vgl. 37.
[2]) Einzige Ausnahme: Horaz carm. 2, 18, 34 *regúmque púĕris.*
[3]) Siehe unter 88.

2. **Horaz** hat den iambischen Dimeter des griechischen Dichters **Archilochos** (7. Jahrhundert v. Chr.) nachgeahmt; der Vers kommt bei ihm, wie bei Archilochos, nur in Verbindung mit andern Versen vor (epod. 1—10, 14 und 15; vgl. auch epod. 11 und 13). Vor Horaz hat **Laevius** den Vers stichisch gebraucht; die alte römische Komödie baut ihn nach besonderen Gesetzen (siehe unter 84). **Seneca** hat ihn in einigen Arien seiner Tragödien verwandt, entweder stichisch, z. B. Agamemnon 759 ff. oder in Verbindung mit dem Trimeter, z. B. Medea 771 ff. Seit hadrianischer Zeit erfreut er sich besonderer Beliebtheit; er wird sogar episches Versmaß; **Prudentius** hat seine schönsten Lieder in iambischen Dimetern geschrieben; eine gewaltige Nachwirkung fand er durch die Perlen der ambrosianischen Hymnendichtung.

100. Der katalektische iambische Dimeter.

Er ist genau so gebaut wie der akatalektische iambische Dimeter (99), nur fehlt die letzte Silbe des 2. Metrums. Als Beispiel für diesen Vers führen römische Grammatiker zwei Zeilen aus dem verlorengegangenen Teil der Dichtung Petrons an (frg. 21 Buecheler); in spätlateinischen Gedichten wird er stichisch verwendet.

Beispiel: Prudentius cathemerinon 6, 1

ădĕs pătĕr sŭprēmĕ.

Bei anapästischer oder spondeischer Bildung des 1. Fußes gleicht er dem Anakreonteum (vgl. 128).

101. Der katalektische iambische Tetrameter
(Catull 25).

1. Das Schema des katalektischen iambischen Tetrameters ist (Catull 25, 13):

◡ ∠ ◡ ∠ | ◡ ∠ ◡ ∠ ‖ ◡ ∠ ◡ ∠ | ◡ ∠ ◡

dēprēnsă năvĭs ĭn mărĭ ‖ vēsānĭēntĕ vēntō

Die 2., 4. und 6. Senkung muß kurz sein; auch die 3. Senkung ist bei Catull nie lang, die 5. nur zweimal (v. 5 und 13), die 7. nur einmal (v. 11). — Nach dem 2. Metrum (=dem 4. Fuß) muß Diärese stehen.

2. Eine aus zwei Kürzen bestehende Senkung kommt nie vor, Auflösung der Hebung nur v. 5, wo die Lesung zweifel-

haft ist. Wortakzent und Versrhythmus stimmen meist miteinander überein.

3. Der griechische Lyriker H i p p o n a x [1]) hat den Vers zuerst literarisch verwandt; gerne gebraucht wurde er von den griechischen Komödiendichtern, besonders A r i s t o p h a n e s (Ende des 5. Jahrhunderts v. Chr.). Die Komödiendichter der alten lateinischen Bühne P l a u t u s und T e r e n z haben den Vers in freierer Weise nachgeahmt (vgl. 82).

102. Der alkäische Neunsilbler

hat zwar eine iambische Form:

$$\circ \; \acute{\smile} \; \smile \; \acute{\smile} \; | \; \_ \; \acute{\smile} \; \smile \; \acute{\smile} \; | \; \circ$$

gehört jedoch seiner Herkunft nach in die Gruppe der äolischen Verse; siehe unter 142.

103. Das iambische Penthemimeres [2])

hat zwar die iambische Form:

$$\circ \; \acute{\smile} \; \smile \; \acute{\smile} \; \smile$$

Dissolve frigus,

ist jedoch ebensowenig wie der alkäische Neunsilbler ein iambischer Vers, vielmehr nur ein B e s t a n d t e i l äolischer Verse; siehe 140.

II. Trochäen.

104. Der katalektische trochäische Dimeter.

Er findet sich bei Horaz carm. 2, 18.

1. Das Schema ist (Horaz carm. 2, 18, 15):

Trúditúr diés dié.

Feste Cäsur fehlt. Auflösung der Hebungen, Ersatz der Senkungskürze durch Länge oder Doppelkürze kommt nicht vor. In gleicher Weise wird der Vers bei P r u d e n t i u s im Epilog gebaut. Anders ist die Bildung bei S e n e c a Oedipus 882—914, der ihn wahllos zwischen G l y k o n e e n einschiebt und ihn als Variante dieses Metrums behandelt (daher nie eine Kürze in der 2. Senkung). Von den reinen Glykoneen (s. 130) unterscheidet sich jedoch diese Partie dadurch, daß

---

[1]) Vgl. 97.
[2]) Das Kolon wird Penthemimeres πενθημιμερές genannt, weil es dem durch die Penthemimeres abgetrennten 1. Teil des iambischen Trimeters entspricht.

hier jeder Vers auf ein zweisilbiges Wort ausgeht und die zweite Silbe stets kurz ist. Einsilbiges Wort an Versende kommt auch bei Horaz und Prudentius nie vor.

2. Der Vers ist von Horaz nach dem Vorbild des griechischen Dichters Bakchylides (5. Jahrhundert v. Chr.) gebaut. In der römischen Dichtung kommt der Vers zuerst bei Plautus vor (siehe unter 87).

Über den Ithyphallicus (Hor. carm. 1, 4) s. unter 146.

105. Der katalektische trochäische Tetrameter.

1. Ein katalektischer trochäischer Tetrameter setzt sich zusammen aus vier trochäischen Metra; das letzte Metrum ist unvollständig. Die letzte Hebung kann durch eine lange oder kurze Silbe gebildet sein. Die erste Senkung jedes Metrums muß kurz sein, die zweite kann aus einer Kürze, einer Länge oder zwei Kürzen bestehen. Das Schema des Tetrameters sieht also so aus:

$$\stackrel{\smile}{\smile}\ \smile\ \stackrel{\smile}{\smile}\ \stackrel{\smile}{\smile}\ \stackrel{\prime}{\smile}\ \smile\ \stackrel{\smile}{\smile}\ \smile\ \Big\|\ \stackrel{\prime}{\smile}\ \smile\ \stackrel{\smile}{\smile}\ \stackrel{\smile}{\smile}\ \stackrel{\prime}{\smile}\ \smile\ \stackrel{\smile}{\smile}$$

én mĭcánt lắcrĭmāē trĕméntēs dḗ cắdū́cō póndĕrĕ (Pervigilium Veneris 17).

Die 2. Senkung des 2. Metrums besteht nie aus zwei Kürzen; nach dem 2. Metrum tritt stets Diärese ein.

Selten wird eine Hebung aufgelöst; doch ist die Auflösung jeder Hebung außer der letzten möglich.

2. Reine Tetrameter finden sich gelegentlich auch in den in Septenaren (vgl. 85) abgefaßten Dichtungen, z. B. die Anfangszeilen des Gedichtes des Porcius Licinus (frg. 1 Morel; Zeit zwischen Lucilius und Varro), einige in den saturae Menippeae Varros. In den Dramen Senecas erscheinen sie insbesondere in aufgeregten, pathetischen Szenen. In späterer Zeit sind in diesem Maß auch lyrische Dichtungen abgefaßt, z. B. das anmutige Pervigilium Veneris (2. oder 3. Jhd. n. Chr.), ferner Gedichte des Ausonius, des Prudentius und anderer Hymnendichter.

106. Der trochäische Hinktetrameter.

Er ist genau so gebaut wie ein katalektischer trochäischer Tetrameter (105) mit dem einen Unterschied, daß dessen letzte

Senkung immer lang ist. Dadurch entsteht, wie beim Hinkiambus [1]), der Eindruck, daß der Vers am Ende schwer belastet ist, „hinkt". Uns sind in lateinischer Sprache trochäische Hinktetrameter nur von Varro erhalten.

Beispiel (Varro sat. Men. 250 Buecheler):

Dúlcem ăquám bĭbát sălúbrem ĕt flébĭle ĕsĭtĕt cáepĕ.

§ 5. Anapäste.

Auch in diesem Versmaß werden je zwei Füße zu einem Metrum zusammengefaßt (vgl. 35 B). Anapästische Verse sind hauptsächlich im römischen Drama heimisch, wo sie öfter in längeren Reihen hintereinander auftreten. Außerdem finden sie sich zuweilen in den saturae Menippeae Varros (116—27 v. Chr.) und ganz gelegentlich bei späteren Lyrikern (Ausonius, Prudentius).

A. Anapäste in den Tragödien Senecas.

107. Die rhythmische Gliederung ist am klarsten in den Gesangspartieen des Tragödiendichters Seneca († 65 n. Chr.) erkenntlich.

1. Bei Seneca tritt nach jedem anapästischen Metrum Wortende ein, die Bildung ist also monometrisch; aber durch die Versabteilung erweist es sich, daß für gewöhnlich je zwei anapästische Metra zu einem Dimeter verbunden werden müssen. Das Ende einer Reihe kann durch Monometer bezeichnet werden, die in unregelmäßigen Abständen eingeschoben werden, wenn ein Sinnabsatz erreicht ist. Die beiden Kürzen jedes Anapästs dürfen zu einer Länge zusammengezogen werden; die Hebung des ersten und dritten Anapästs in jedem Dimeter wird oft aufgelöst, nie die des zweiten und vierten. Beispiel (Troad. 731—735):

ān sólă plăcĕnt Hērcúlĭs ārmá?
iăcĕt ántĕ pĕdĕs nōn mĭnŏr íllŏ
sūpplĭcĕ súpplĕx vītámquĕ pĕtĭt —
rēgnúm Trōiáe quōcúmquĕ vŏlĕt
Fōrtúnă fĕrát.

Wohl beabsichtigt ist Agamemno 310—407 der regelmäßige Wechsel zwischen anapästischem Dimeter und Monometer, z. B. 310—315:

---

[1]) Siehe 97.

cănĭte ŏ pūbēs inclĭtă Phœbŭm!
tĭbĭ fēstă căpŭt
tūrbă cŏrōnăt, tĭbĭ vĭrgĭnĕăs
laurŭm quătĭēns
dē mōrĕ cŏmăs innŭbă fŭdĭt

stirps Ĭnăchĭă.

2. Nie findet sich steigender Prokeleusmatikus, fallender (Anapäst nach Daktylus) nur ausnahmsweise wie Herc. furens 1064 *sōlvĭtĕ sŭpĕrĭ.*

3. Selten steht an Kolonende syllaba anceps wie
Agam. 105 *aurā stringĭt lĭtŏră tūtă.*
Ebenso findet sich Hiat nur vereinzelt, z. B.
Agam. 646 f.
vūltŭs in ūrbĕ; ‖ ēt quŏd nūmquăm.

4. Die strikte Durchführung der Diärese und die auch hier bestehende Seltenheit eines einsilbigen Wortes vor Kolonende hat zur Folge, daß an diesen Stellen die Silbe mit Wortton stets in der Senkung steht. Das gleiche ist im 1. und 3. Fuß der Fall, wenn er durch ein daktylisches Wort gebildet ist. Anapäste sind die Verse, in denen am häufigsten Widerspruch zwischen Wortakzent und Iktus auftritt.

5. In der gleichen Weise sind akatalektische anapästische Dimeter in der apocolocyntosis divi Claudii, einer Satire Senecas auf Kaiser Claudius (c. 12), dann bei Späteren, z. B. Ausonius, Claudian und Boethius gebaut.

B. Andere anapästische Verse.

108. Anapästische Verse von etwas anderer Bildungsweise finden sich in den altlateinischen Tragödien (vor allem zur Einführung neu auftretender Personen und in Klageliedern wie in der griechischen Tragödie) und in den Komödien des Plautus (nie bei Terenz). Gegenüber den Anapästen Senecas unterscheiden sie sich hauptsächlich darin, daß die Gliederung nach Monometern nicht obligatorisch ist (wenn auch weit verbreitet) und auch eine Folge von vier (und selbst sechs) Kürzen, d. h. (steigender) Prokeleusmatikus statt Anapäst und Verbindung von Daktylus mit Anapäst (und Prokeleusmatikern) vorkommen kann (Beispiele unter 109 ff.).

Die **Iambenkürzung** hat in den anapästischen Versen
des Plautus eine so weite Ausdehnung genommen wie in
keinem andern Versmaß (vgl. 28).

Es finden sich folgende Arten anapästischer Verse:

109. Der akatalektische anapästische Dimeter.
Die letzte Silbe kann auch durch eine Kürze gebildet
werden, z. B. Plaut. Stichus 45

sŭom ŏffícĭum āequŏmst ‖ cŏlĕre ắc fắcĕrĕ
(Prokeleusmatikus an Versanfang).

Nur ausnahmsweise (in Systemen) kann die letzte Länge
durch eine Doppelkürze ersetzt werden wie bei Ennius in
der Tragödie Andromacha Aechmalotis (scen. frg. 92 V. = 82 Kl.)

*ō pắtĕr, ō pắtrĭa : ō Prĭắmĭ dŏmŭs
saēptum ắltĭsŏnŏ cārdĭnĕ tēmplŭm*
(vielleicht sind Tetrameter anzusetzen; das Bruchstück ist
unvollständig erhalten).

In Versmitte ist häufig Einschnitt nach dem 2. Metrum
(oft verbunden mit Einschnitt auch nach dem 1. und 3. Metrum), z. B.

Plaut. Cistellaria 689
ĭtắ sŭnt hŏmĭnĕs ‖ mĭsĕrĕ mĭsĕrĭ.

Auch die 2. Hebung kann (selten) durch zwei Kürzen gebildet sein, z. B. Plaut. Aulularia 722 a

hic dĭĕs mi ōptŭlĭt ‖ fắmem ĕt pāupĕrĭĕm
(Folge von Daktylus und Anapäst in Versmitte).

Es finden sich aber auch Verse ohne diese Einschnitte, z. B.
Plaut. Trin. 1116

vŏlŭptắtĭbŭ' gāudĭĭsque ắntĕpŏtĕns

Pacuvius (Schwestersohn des Ennius) trag. frg. 350 f.

*ắgĭte, ĭte, ēvŏlvĭtĕ rắpĭtĕ, cŏmắ
trāctắtĕ pĕr ắspĕrắ sắxa ĕt hŭmŭm*

(in v. 350 Prokeleusmatikus gefolgt von Anapäst).
Widerspruch zwischen Wort- und Versakzent wird dadurch
gemildert, aber die rhythmische Gliederung tritt weniger
klar hervor.

110. Der katalektische anapästische Dimeter erscheint gern als Abschluß längerer anapästischer Reihen
(besonders nach akatalektischen Dimetern), z. B.

Accius (170 bis ungefähr 90 v. Chr.) in der Tragödie Epigone frg. 288 ff.

sēd iam Ămphĭlŏcum hŭc vādĕrĕ cērno ĕt
nōbĭs dătŭr bŏnă pāusă lŏquēndĭ
tēmpŭsque ĭn căstră rĕvŏrtĭ.

Auch die dritte Hebung kann durch zwei Kürzen gebildet werden, z. B. Plaut. Aulularia 726 (nach anapästischen Versen 713—725)

mĕŏ mălo ĕt dāmnŏ. pătĭ nĕquĕŏ.

Öfters werden sämtliche Kürzen in Längen zusammengezogen, sodaß der Rhythmus verdunkelt erscheint, z. B. Plaut. Stichus 315 ff.

ĭbo ătque hūnc cŏmpēllăbō.
sālvŏs sĭs. — ĕt tū sălvē. —
iăm tŭ pĭscătŏr făctŭ's?

Am Schluß wird der anapästische Rhythmus wieder angedeutet:

324 pōssŭm scĭre ĕx tē vĕrŭm? —
pŏtĕs: hŏdĭē nŏn cēnăbĭs.

111. In seiner Bildung ist der katalektische anapästische Dimeter dem Paroemiacus[1]) gleich, dessen Ursprung sich freilich im Griechischen aus anderen Elementen herleitet. Er wird noch später mit kurzen Innensenkungen stichisch verwendet von dem Dichter der hadrianischen Zeit Annianus (frg. 1 Morell)

ūva, ŭvă sum ĕt ŭvă Fălērnă:
ĕt tĕr fĕrŏr ĕt quătĕr ănnŏ.

Ähnliche Beispiele begegnen bei Ausonius, Prudentius und Boethius, z. B. Prud. cathemerinon 10, 1

dĕŭs, ĭgnĕĕ fŏns ănĭmărŭm.

112. Der akatalektische anapästische Tetrameter = anapästischer Oktonar[2]) ist die Verdopplung eines akatalektischen Dimeters. Die letzte Hebung besteht nie aus zwei Kürzen.

Schema: ⏑⏑ ⏞́ ⏑⏑ ⏞́ ⏑⏑ ⏞́ ⏑⏑ ⏑́ ‖ ⏑⏑ ⏞́ ⏑⏑ ⏞́ ⏑⏑ ⏞́ ⏑⏑ ⏑́

---

[1]) παροιμιακός = Sprichwortvers.
[2]) Benennung entsprechend dem iambischen und trochäischen Oktonar und Septenar (vgl. 82 ff.).

Der anapästische Oktonar hat fast immer Diärese nach der
4. Hebung; daher kann zuweilen gezweifelt werden, ob nicht
Teilung in zwei Dimeter in Betracht kommt.
Beispiel (Plautus Aulularia 721):
hēu mē mĭsĕrúm, mĭsĕrḗ pĕrĭí‖ mălḗ pḗrdĭtŭ' pḗssŭme ŏrnắtŭs ĕŏ́.
In der Diärese finden sich bisweilen die Freiheiten des
Versschlusses, nämlich a) syllaba anceps, z. B. Plaut. Cas. 891
cŭpĭo ́ íllam ŏpĕrắm sĕní súrrŭpĕrḗ‖ fŏrĕm | ŏ́bdō, nḗ
sĕnĕ́x me ŏ́pprĭmĕrĕ́t
b) Hiat, z. B. Plaut. Cas. 226
mўrŏpŏ́lās ŏ́mnĭs sŏ́llĭcĭtŏ́‖ ŭbĭquŏ́mquĕst lĕ́pĭdum
ūngúentum, ūngŭŏ́r.
Auch nach der 2. und 6. Hebung steht häufig Diärese z. B.
Plautus Trinummus 833
dĭstrắxĭssĕ́nt | dĭsquḗ tŭlĭssĕ́nt‖ săttḗllĭtĕ́s tŭí mḗ |
mĭsĕrúm fŏḗdḗ.
Selten steht statt der Diärese Cäsur nach der ersten Kürze
der 5. Senkung, z. B. Plautus Aulularia 715
nĕquĕŏ́ cum ănĭmŏ́ cĕ́rtum ĭnvḗstĭgāre.‖ ŏ́psĕcrŏ́ vŏ́s
ĕgŏ́ mi aúxĭlĭŏ́.

113. Der katalektische anapästische Tetrameter=
anapästischer Septenar [1]) (weil er nur aus 7 vollständigen
Füßen besteht) ist die Verbindung eines akatalektischen und
katalektischen Dimeters.
Beispiel (Plautus Persa 770):
do hānc tĭbĭ flŏrḗntēm flŏ́rēntĭ‖ tu hĭc ĕrĭ' dĭctắtrĭx nŏ́bĭs.
Kurze Silbe und Hiat vor Diärese begegnet Plaut. Mil. 1055
ĕxprŏ́mĕ bĕnĭ́gnum ēx te ĭngĕnĭúm‖ ūrbĭcắpe ŏ́ccĭsŏr rĕ́gŭm.
Nebendiäresen nach der 2. und 6. Hebung z. B. Plautus
Persa 777
quĭ súnt, quĭ ĕrúnt | quĭquḗ fŭĕrúnt‖ quĭquḗ fŭtŭ́rĭ | sūnt pŏ́sthāc.
Cäsur nach der ersten Kürze der 5. Senkung Plaut. Persa 778
sŏ́lŭs ĕgo ŏ́mnĭbŭs āntĭ́dĕŏ́ fắcĭlḗ‖ mĭsḗrrŭmŭs hŏ́mĭnum ŭ̄t vĭ́văm
(Beispiel der seltnen Doppelkürze in 4. Hebung).
Auch die 7. Hebung kann durch eine Doppelkürze gebildet
werden, z. B. Plaut. Men. 602 (nach Länge in Senkung)
quĭd ắĭs? — vĭrŏ́ mĕ mălŏ́ mắlĕ nŭ́ptăm.‖ — sắtĭn aúdĭs
quae íllic lŏ́quĭtŭr?

---

[1]) Vgl. Fn. 2 S. 88.

Plautus Cistellaria 205 (nach Doppelkürze in Senkung)

qui ōmnís hŏmĭnés sŭpĕro ántĭdĕṓ ‖ crŭcĭábĭlĭtátĭbŭs ănĭmī.

Beispiel eines katalektischen anapästischen Tetrameters aus Varros satirae Menippeae (frg. 242 Buecheler):

hăec lánĭgĕrás dētṓndērí ‖ dŏcŭít tŭnĭcárĕque hŏmúllŭm.

§ 6. Bakcheen und Kretiker.

I. Bakcheen[1]).

114. Der bakcheische akatalektische Tetrameter ist bei weitem der gebräuchlichste bakcheische Vers. Er besteht in seiner Grundform aus vier bakcheischen Metra.

Schema: ⏑ ´ – ⁝ ⏑ ´ – ‖ ⏑ ´ – ⁝ ⏑ ´ –

Beispiel (Plautus Pseudolus 1246):

quĭd hṓc? sícĭne hṓc fít, pĕdḗs? státĭn án nṓn?

Die Senkung jedes Metrums kann auch durch eine Länge oder zwei Kürzen ausgefüllt sein; ausgenommen von dieser Freiheit ist die 4. und 2. Senkung, wenn einsilbiges Wort am Versschluß oder Halbversschluß steht. Hebungen werden selten aufgelöst; prinzipiell ist aber die Auflösung jeder Hebung mit Ausnahme der letzten gestattet; von den zwei Hebungen desselben Metrums darf jeweils nur eine aufgelöst werden. Beispiel (Enn. scen. 350 V. = 304 Kl.):

nē cṓntágĭṓ mḗă ‖ bṓnís ū́mbrăve ṓbsít.

Diärese tritt oft nach dem 2. Metrum ein, ist aber durchaus nicht verbindlich; neben Plautus Trin. 224

mūltum ín cṓgĭtándṓ ‖ dŏlṓrem índĭpíscṓr

steht z. B. ein diäreseloser Vers Trin. 225

ĕgŏmĕt mḗ cŏquo ḗt mácĕro ḗt dḗfĕtígṓ.

Hiat und Syllaba anceps ist vor der Diärese erlaubt. Beispiel: Plautus Men. 968

ŭt ábsēnte ĕrṓ rḗm ‖ ĕrí dílĭgḗntḗr.

Herrscht so eine gewisse Lässigkeit im Versbau, so sind dafür die prosodischen Gesetze in Bakcheen strenger gewahrt als in allen anderen altlateinischen Versarten (außer den Kretikern): Iambenkürzung und Synizese werden als Eigentümlichkeiten des Konversationstones in den reinen Bakcheen gemieden; in den verkürzten bakcheischen Versen kommen sie zuweilen vor.

---

[1]) Vgl. 35 A.

Uebereinstimmung zwischen Vers- und Wortakzent herrscht ziemlich weitgehend.

115. Andere bakcheische Verse.

1. Der katalektische bakcheische Tetrameter ist um eine Silbe kürzer als der akatalektische, sonst aber nach denselben Regeln gebaut, z. B. Plautus Most. 88

$$h\breve{o}m\breve{i}n\acute{e}m\ c\overline{u\imath}\bar{u}s\ r\acute{e}t,\ qu\bar{a}nd\acute{o}\ n\acute{a}t\breve{u}s\ \acute{e}st.$$

2. Der selten alleinstehende akatalektische bakcheische Dimeter ist identisch mit der ersten Hälfte des Tetrameters und nach den Gesetzen des Tetrameters gebaut, z. B. Plautus Poen. 247 $s\breve{i}n\breve{e}\ m\acute{u}nd\acute{i}tia\ \bar{e}t\ s\acute{u}mpt\breve{u}.$
Gern werden damit längere bakcheische Reihen beschlossen wie Plautus Trin. 232 $\breve{a}d\ \overline{a}\bar{e}t\acute{a}tem\ \breve{a}g\acute{u}nd\acute{a}m.$

3. Der katalektische bakcheische Dimeter sieht aus wie ein Dochmius[1]), ist aber unter Bakcheen als bakcheisches Kolon leicht zu erkennen, z. B. Plautus Persa 809 (zwischen bakcheischen Tetrametern):

$$p\breve{e}rge,\ \acute{u}t\ c\overline{oe}p\breve{e}r\acute{a}s.$$
$$h\bar{o}c,\ l\acute{e}n\acute{o},\ t\breve{i}b\acute{t}.$$

Plautus Capt. 506 (zum Abschluß einer bakcheischen Reihe):

$$r\breve{o}g\acute{o}\ s\acute{y}ngr\breve{a}ph\acute{u}m:$$
$$d\breve{a}t\acute{u}r\ mi\ \acute{t}l\breve{i}c\acute{o}.$$

$$d\breve{e}d\acute{t}\ T\acute{y}nd\breve{a}r\acute{o}:$$
$$ille\ \breve{a}b\acute{t}t\ d\breve{o}m\acute{u}m[2]).$$

Die erste Senkung des katalektischen Dimeters ist frei, die zweite immer eine Kürze.

4. Längere Reihen systemartig aneinandergefügter Bakcheen finden sich hie und da, Hexameter z. B. Plautus Amph. 633, 636, 637, 640, 642[3]).

116. Verkürzte[4]) bakcheische Tetrameter gibt es
zweierlei; in der ersten Form steht statt des 3. Bakcheus ein Iambus (oder Spondeus) nach dem Schema:

$$\smile \perp \stackrel{-}{\_} : \smile \perp \stackrel{-}{\_} \parallel \sigma \perp : \smile \perp \stackrel{-}{\_}$$

---

[1]) Vgl. 85 A.
[2]) 508 f. faßt Leo als 2 iamb. Dimeter in Synaphie auf.
[3]) Siehe 178.   [4]) Vgl. auch 121.

z. B. Plautus Most. 783

    nūnc hŭnc hāū scĭo ăn cŏnlŏqŭăr, cōngrĕdĭăr

Enn. scen. 352 V. = 306 Kl.

    quĭdnắmst, ŏbsĕcrŏ, quŏd te ădĭri ābnŭtắs?

die andere Form hat iambischen Fuß (oder Spondeus) am Anfang, hierauf drei bakcheische Metra, z. B. Plautus Rud. 192 *sĭ* [1]) *ērgă părĕntem āŭt ‖ dĕŏs me ĭmpĭăvi.*

Das verkürzte Kolon (2. Glied der ersten bzw. 1. Glied der zweiten Form) verbindet sich auch mit anderen bakcheischen Bestandteilen, z. B. Plautus Bacchides 1121 a (Verbindung mit bakcheischem Monometer):

    quĭs hăs hŭc ŏvĭs ădĕgĭt?

Es kann aber auch selbständig auftreten (oft mit Doppelkürze in der Senkung wie Plaut. Casina 755 *quĭn tu ĭ mŏdŏ mĕcŭm*) und ist dann als Reizianum (145) zu werten.

117. Bakcheen mit Iamben verbunden.

Bakcheen werden nicht selten mehr oder weniger eng mit Iamben verbunden. Ein Vers ist z. B. Plautus Rud. 259

    quĭ sŭnt qui ă pătrŏnă ‖ prĕcĕs mĕa ĕxpĕtĕssūnt.

Auf einen bakcheischen Dimeter folgt ein katalektischer iambischer Dimeter. Umgekehrt geht der katalektische iambische Dimeter voraus Plautus Capt. 507

    inde ĭlĭcŏ prāēvŏrtōr ‖ dŏmŭm, pŏstquam ĭd ăctŭmst.

Bei Terenz Andria 485 beschließt ein akatalektischer iambischer Dimeter eine längere Reihe bakcheischer Tetrameter.

118. Bakcheen finden sich bei griechischen Dichtern selten, am wenigsten in langen Reihen hintereinander. Es steht noch nicht sicher fest, ob Plautus und seine römischen Dichtergenossen die stichischen Bakcheen (und Kretiker) von einem uns unbekannten griechischen Dichter übernommen oder sie selbst zum erstenmal verwandt haben. 32*) Durch die Verbindung, in die die Bakcheen mit Iamben treten, wird die Vermutung nahe gelegt, daß die bakcheischen Metra auch bei Plautus letzten Endes als iambische Metra aufzufassen sind, deren zweite Kürze ausgestoßen worden ist.

---

    [1]) oder Hiat?

Die Versbehandlung ist aber, wie wir gesehen haben, eine ganz eigenartige, von der der Iamben abweichende; sie entspricht dem bakcheischen Verscharakter: in Bakcheen werden oft Gebete, erwartungsvolle und bekümmerte Lieder gesungen, die ein allzu lebhaftes Tempo ausschließen.

Bakcheische Verse finden sich häufig bei Plautus, selten in der alten Tragödie und bei Terenz (nur Andria 481|4), später nur noch bei Varro (sat. Men. 405 Buecheler). Beispiele bakcheischer Lieder siehe unten 178.

II. Kretiker [1]).

119. Der häufigste kretische Vers, der akatalektische kretische Tetrameter, besteht aus vier kretischen Metra.

Schema: ‿ ∪ ‑̣ ⋮ ‿ ∪ ‑̣ ‖ ‿ ∪ ‑̣ ⋮ ‿ ∪ ‑̣.

Beispiel (Plautus Rud. 271):

fánum ǎd ístǔnc mŏdǔm ‖ nǒn věntrí sŏlét.

Die Senkungen der kretischen Metra bestehen überwiegend aus einer Kürze, zuweilen aus einer Länge, nur ausnahmsweise aus zwei Kürzen; steht einsilbiges Wort am Vers- oder Halbversschluß, so muß die vorhergehende Senkung rein sein. Alle Hebungen außer der Hebung am Versschluß können aufgelöst werden; doch werden nicht oft zwei Hebungen in ein und demselben Vers oder gar in ein und demselben Metrum auf einmal aufgelöst (anders bei Varro; s. unter 120), z. B. Plautus Amph. 240

ǎnǐmam ŏmíttǔnt priǔs ‖ quǎm lǒcǒ děmígrént.

Diärese nach dem zweiten kretischen Metrum ist sehr häufig, aber nicht verbindlich; die Hebung vor der Diärese (wie am Versschluß) wird nie aufgelöst. Zuweilen folgen mehrere Verse aufeinander, die nach jedem Metrum einen Einschnitt haben, z. B. Plautus Curc. 152 ff.

quaē mǐhí | mǐsěro ǎmántí | ébǐbít | sánguǐném.
hóc vǐde út | dǒrmǐúnt | péssǔlí | péssǔmí
něc měǎ | grǎtǐǎ | cǒmmŏvént | se ŏcǐús.

Beispiel eines Verses ohne Diärese:

Terenz Andr. 634

íbí tum ěǒrum ímpǔdéntíssǔma ŏrátǐóst.

Hiat und Syllaba anceps ist vor der Diärese zugelassen, z. B.

---

[1]) Vgl. **85** A.

něc mǐhí iús měúm ‖ óbtǐněndi óptǐóst.

In den Kretikern ist wie in den Bakcheen **Iambenkürzung**
und **Synizese** verpönt. **Wortakzent** und **Versrhythmus**
stimmen weitgehend miteinander überein.

120. Andere kretische Verse.

1. **Der katalektische Tetrameter** ist selten; wo er
vorkommt, wird er genau so gebaut wie der akatalektische
Tetrameter, er ist nur um eine Silbe kürzer, z. B. Plautus
Trin. 244 *dá mǐhi hóc, měl měúm, sí me ămás, si aúdēs.*

Varro sat. Men. 392
dlǐǔ' těněram dbǐětěm sólǔ' pěrcěllǐt.

2. **Der akatalektische kretische Dimeter**, gebraucht
als Abschluß von kretischen Systemen, einmal auch in regel-
mäßigem Wechsel mit dem trochäischen Septenar, ist genau
so gebaut, wie eine der Hälften des akatalektischen Tetrameters, z. B. Plautus Epidicus 89
ís sǔó fǐlǐó.

3. **Der katalektische Dimeter** ist um eine Silbe
kürzer als der akatalektische, z. B. Plautus Truc. 123
sálvă sís. ét tū.

121. **Verkürzungen**[1]) **von kretischen Tetrametern**
gibt es zweierlei, nämlich:

1. die **Verkürzung** des **akatalektischen** kretischen
Tetrameters infolge **Ersetzung** des dritten Kretikus durch
einen **Trochäus** bzw. Spondeus nach dem Schema:

$$\acute{\smile} \smile \acute{\smile} \acute{\smile} \smile \acute{\smile} \Vert \acute{\smile} \bar{\smile} \quad \acute{\smile} \smile \underline{\smile}$$

a) durch **Trochäus**:
vóx vǐrí péssǔmí me éxcǐét fǒrás (Plautus Pseud. 1285)
b) durch **Spondeus**:
átque ǐllúd saēpě fít: ‖ témpěstás věnít (Plautus Most. 108);

2. die **Verkürzung** des **katalektischen** kretischen Tetrameters mit **Trochäus** (bzw. **Spondeus**) statt 3. Kretikus und
Auflösung der letzten Hebung, also z. B. Plautus Most. 706
éxsěquí cértă rěs ‖ ěst, ǔt ăběăm.

Das **zweite Glied** der **ersten Form** $\smile \smile \acute{\smile} \smile \smile$ sieht wie
ein **Hypodochmius**[2]) aus; dieser kann für sich allein ein

---

[1]) Vgl. 116.
[2]) Vgl. 35 A.

selbständiges Kolon bilden, das dann vor oder nach kretischen Tetrametern, Dimetern oder auch gelegentlich vorkommenden Trimetern und Monometern steht, z. B.: *dá mǐhi hásce ŏpḗs* (Liv. Andronicus frg. trag. 20); *dǐ bŏnǐ, quǐd hóc?* (Caecilius frg. com. 280).

122. Kretiker mit Trochäen verbunden.

Wie Bakcheen mit Iamben, so können Kretiker mit Trochäen enge Verbindungen eingehen. Zuweilen bildet ein kretischer Dimeter zusammen mit einem trochäischen Dimeter oder Monometer einen Vers, z. B. Plautus Amph. 223

déinde ǔtrǐque ǐmpěrátŏrēs ǐn mědǐum éxěǔnt
(kretischer und trochäischer Dimeter);
Plautus Capt. 214
sěd brěvem ŏrátǐŏnem ǐncǐpǐssě
(kretischer Dimeter und trochäischer Monometer).

Ennius scen. 86 ff. V. = 75 Kl. verbindet eine längere Reihe kretischer Verse mit trochäischen. Über die Verbindung von Kretikern mit dem Ithyphallicus s. 146. Beispiele kretischer Cantica s. 177.

123. Auch die Kretiker werden wie die Bakcheen von den Griechen nicht in langen Reihen stichisch verwendet; wo sie vorkommen, ist meist entweder die erste oder die zweite Hebung oder es sind beide Hebungen jedes Metrums aufgelöst; solche Kretiker werden bei den Griechen Päone[1]) genannt. — In der römischen Dichtung kommen kretische Verse am häufigsten bei Plautus vor (bei Terenz nur Andria 626—634), einigemale in der alten Tragödie und bei Varro sat. Men. Später wird ein kretischer Vers nur noch einmal für Septimius Serenus bezeugt.

§ 7. Ioniker.

124. 1. Ein ionisches Metrum kann durch ein trochäisches (bzw. iambisches) vertreten werden.

2. Die zwei Kürzen können durch eine Länge ersetzt werden (Molossus); auch die Hebungen eines Ionikers können aufgelöst werden.

---

[1]) gr. παιών Gebet an einen Schutzgott (meist Apollo); dann ein Versmaß, in dem viele solche Gebete abgefaßt waren.

3. Zuweilen (in gewissen Versarten regelmäßig; s. 127. 128) tritt Anaklasis[1]) ein, d. h. statt ◡◡ _ _ ⋮ ◡◡ _ _ erscheint die Form ◡◡ _ ◡ ⋮ _ ◡ _ _.

I. Ionici a maiore.

125. 1. Ein metrisches System von Ionici a maiore findet sich bei Varro sat. Men. 489.

2. Am häufigsten ist der katalektische Tetrameter fallender Ioniker

◡ ∸ ◡ ◡ | ◡ ∸ ◡ ◡ | ◡ ∸ ◡ ◡ | ◡ ×. •

Beispiele für das reine Schema:
Afranius (Dichter von fabulae togatae zur Zeit des jüngeren Scipio) frg. 202

múlta átquĕ mŏlésta és: pŏtĭn' út díctă făcéssās;

mit Auflösung der 2. Hebung des 1. Metrums (Varro sat. Men. 342 Buech.)

póstquam ăvĭdă lĭbĭdő răpĕre ăc cáedĕrĕ cóepĭt.

Wechsel mit trochäischen Metra (Plautus, Amph. 168—172):

nóctésquĕ dĭ\ésque ăssĭdŭ\ó sătĭs sŭ\pérque ést
quó făcto áut | dícto ădést ŏ\pŭs quiĕtŭ | nĕ sĭs.
ĭpsĕ dómĭnŭs | dívĕs ŏpĕrĭs | ét lăbórĭs | éxpērs,
quódcŭmque hŏmĭ\ni áccĭdĭt lŭ\bĕrĕ, póssĕ | rétŭr:
áequom éssĕ pŭ\tát, nŏn rĕpŭ\tát lăbórĭ' | quĭd sĭt.

Es sind freier gebaute Sotadeen, wie sie Ennius in seinem Gedicht Sota (Kosenamen für Sotades), Accius in seinen Didascalica, Varro in seinen Satiren verwandt hat.

Die Sotadeen der Kaiserzeit (Petron. 23, 3 und 132, 8; Martial 3, 29) sind etwas strenger gebaut: der Molossus ist verpönt; eine Hebungsauflösung kommt höchstens einmal in einem Metrum vor (Ausnahme Petron. 23, 3 v. 3). Statt des 3. Ionikers steht häufig ein trochäisches Metrum (an andern Versstellen ist Vertretung des ionischen Metrums durch ein trochäisches selten). Beispiel (Martial 3, 29, 1):

hás cŭm gĕmĭ\ná cŏmpĕdĕ | dédĭcát că\tḗnās.

3. Der Vers ist benannt nach dem alexandrinischen Dichter Sotades (3. Jahrhundert v. Chr.), der ihn offenbar zuerst häufiger verwandt hat.

---

[1]) s. Fußn. 2 S. 80.

II. Ionici a minore.

126. Ionici a minore im System.

1. Je zehn Ionici a minore sind von Horaz in der 12. Ode des 3. Buches zu einem System verbunden. Fast mit jedem ionischen Metrum endet ein Wort, Wortakzent und Versrhythmus stimmen weitgehend überein, z. B. Vers 10:

cătŭs ĭdĕm | pĕr ăpĕrtŭm | fŭgĭéntĭs | ăgĭtátŏ | grĕgĕ cérvŏs | iăcŭlári ĕt | cĕlĕr ártŏ | lătĭtántĕm | frŭtĭcétŏ éx|cĭpĕre áprŭm.

Das System wird viermal wiederholt.

2. Das Lied ist formell und inhaltlich eine Nachahmung eines Gedichts des griechischen Dichters Alkaios (6. Jahrhundert v. Chr.).

127. Tetrameter.

1. Ein akatalektischer steigender ionischer Tetrameter ist Varro sat. Men. 579 Buecheler

vēr blándŭm vĭgĕt árvĭs ĕt ădést hóspĕs hĭrúndŏ.

Vgl. Martianus Capella 4, 424.

2. Die katalektische Form wird galliambischer Vers genannt. Die Galliamben (Beispiel: Catull Gedicht 63) haben stets Diärese nach dem 2. Metrum. Fast ausnahmslos findet Anaklasis statt. Die ionische Form des 1. Gliedes kommt nur v. 54 vor:

ĕt ĕárum óm|nĭa ădírĕm;

dafür mit Anaklasis z. B. v. 12

ăgĭte ĭte ad | áltă Gállāē.

Die ersten zwei Kürzen können in eine Länge zusammengezogen, die 1. und 2. Hebung in zwei Kürzen aufgelöst werden.

Im 2. Glied ist die ionische Form nur in v. 60 überliefert:

stădĭo ĕt gy̆mnăsĭĭs[1]);

dafür mit Anaklasis z. B. v. 14

vĕlŭt éxŭlĕs lŏcă.

Doch ist auch diese Form nicht beliebt. Für gewöhnlich wird die vorletzte Hebung durch zwei Kürzen gebildet. Auch im 2. Glied können die ersten zwei Kürzen in eine Länge zusammengezogen werden.

---

[1]) Die Herausgeber setzen gewöhnlich die ältere Form *guminasiis* ein.

Am häufigsten kommt folgendes metrisches Schema vor:

◡ ◡ ∠ ◡ ∠ ◡ ◡ ∠ _ ‖ ◡ ◡ ∠ ◡ ◡ ◡ ◡ ◡ ◠

(v. 1) *super alta vectus Attis | celeri rate maria.*

Beispiele seltnerer Formen des Verses:

63 *ĕgŏ mŭlĭĕr ĕgŏ ădŭlĕscēns | ĕgŏ ĕphēbŭs ĕgŏ pŭĕr*
(Auflösung der 1. und 2. Hebung)

73 *iām iam dŏlĕt quŏd ĕgī | iām iámquĕ pāenĭtĕt*
(Zusammenziehung der ersten zwei Kürzen im 1. und 2. Glied;
Länge der vorletzten Hebung)

91 *dĕa māgnă dĕă Cўbĕlē | dĕă dŏmĭnă Dĭndўmēi*
(Auflösung der 2. Hebung des 1. Gliedes und der 1. Hebung
des 2. Gliedes; Länge der vorletzten Hebung).

Durch den Wechsel von Zusammenziehung der Kürzen und
Auflösung der Hebungen vermag der Vers die wechselnden
Stimmungen gut auszudrücken.

3. Die Verse sind nach den Galli, den Priestern der Kybele
in Kleinasien, genannt. In die Literatur hat sie vielleicht der
alexandrinische Dichter Kallimachos eingeführt. Außer Catull haben auch Varro und Maecenas Galliamben verfaßt,
aber nur in Gedichten, die sich auf den Kybele- und Attis-
mythos bezogen.

Dimeter.

128. **Akatalektische Dimeter** von Ionici a minore sind
anzunehmen

Plautus Pseudolus 1257
hīc ŏmnĕs vŏlŭptātĕs,
ĭn hŏc ŏmnĕs vĕnŭstātĕs

und Rudens 185

nĭmĭo hŏmĭnŭm | fōrtŭnāe
mĭnŭ' mĭsĕrāe | mĕmŏrāntŭr.

Bei Boethius (vgl. **150**) bildet ein solcher ionischer Dimeter
einen Vers zusammen

a) mit einem katalektischen daktylischen Tetrameter, z. B.
3, 6, 3 *ĭllĕ dĕdĭt Phōebŏ rădĭŏs ‖ dĕdĭt ĕt cŏrnŭă lūnāe*

b) mit einem akatalektischen trochäischen Dimeter, z. B.
4, 2, 1 *quŏs vĭdĕs sĕdĕrĕ cĕlsōs ‖ sŏlĭt cŭlmĭnĕ rĕgĕs.*

1. Die Form mit **Anaklasis** ◡◡∠◡ ∠◡∠◠ statt ◡◡∠◡ ◡◡∠◠
wird **Anakreonteum** genannt. Die beiden Senkungskürzen

werden oft in eine Länge zusammengezogen. Verse solcher Art können auch unter katalektischen iambischen Dimetern (**100**) erscheinen. Doch deutet regelmäßige anapästische (oder spondeische) Bildung des ersten Fußes (sowie Zusammenstellung mit Choriamben in der Ode bei Claudian fescennini 2) auf ionische Messung hin.

Beispiel (Imp. Hadrian. frg. 1):

> ĕgŏ nōlŏ Flōrŭs ēssĕ,
> āmb(u)lārĕ pĕr tăbērnās
> lătĭtárĕ pĕr pŏṕĭnās
> cŭlĭcĕs păt́ĭ rŏtŭ́ndās

(Replik auf Florus frg. 1 ĕgŏ nōlŏ Cáesăr ĕ́ssĕ usf.). Von Seneca werden sie Med. 849—878 verwendet:

> 849 quōnā́m crŭĕ́ntā mãénās
> prāecĕ́ps ămṓrĕ sãévō
> răpĭ́tŭr? quŏd ĭmpŏtḗntī
> fắcĭnŭs părắt fŭrŏ́rĕ?

Am Ende inhaltlicher Perioden steht die katalektische Form, die der 2. Hälfte des Galliambus entspricht, jedoch nur nach dem Schema

> 865 Gángĕtĭcŭ́m nĕ́mŭs.

Die Verse Med. 877 und 878

> mērgắt dĭ́ēm tĭmḗndŭm
> lūx nŏ́ctĭs Hĕ́spĕrŭs

zusammengenommen entsprechen also genau dem Vers 73 im Gedicht 63 des Catull (**127**):

> iām iắm dŏ́lĕ́t quŏ́d ĕ́gī, iām iắmquĕ pãénĭtĕ́t.

2. Der Vers ist nach dem griechischen Dichter **Anakreon** (6. Jhd. v. Chr.) benannt. In der römischen Dichtung begegnet er seit Seneca und Petron, öfter seit hadrianischer Zeit und später bei Claudian, Martianus Capella und Boethius.

§ 8. Choriamben.

129. Vereinzelt finden sich bei Plautus und Terenz choriambische [1]) Verse in Verbindung mit Kretikern oder Glykoneen, z. B. Plautus Men. 110

> nĭ́ mălă, nĭ́ | stŭ́ltă sĭ́ĕs, | ni ĭndŏ́mĭta ĭm|pŏ́squc ănĭ́mĭ

(es folgen Glykoneus, Pherekrateus, dann Kretiker).

---

¹) Vgl. oben **85 A.**

Ebenso Plautus Cas. 629

ĕrĭpĭte ĭs|tĭ glădĭŭm | quaé sŭĭst ĭm|pŏs ănĭmĭ

nach Kretikern. Beachtenswert ist, daß an der letzteren Stelle bei steigender Aufregung der Rhythmus gewissermaßen wächst; – ⏑ ⏑ – erscheint hier als erweiterte Form von – ⏑ –. Ganz allgemein läßt sich sagen, daß Choriamben von Plautus nur in sehr lebhaften Situationen gebraucht werden, vgl. auch noch die aufgeregten Verse Terenz Adelph. 612 ff. in einer metrisch nicht sicher zu deutenden Partie.

Über choriambische Dimeter s. **133**; Choriamben in Verbindung mit dem Aristophanius s. **134**.

In den folgenden Abschnitten nimmt der Choriambus eine verschiedene Stelle im Vers ein.

§ 9. Glykonéus und Pherekratéus und Verwandtes. 33 *)

130. 1. Im Glykoneus und Pherekrateus steht der Choriambus in Versmitte. Schema des Glykoneus:

× ⏓ | – ⏑ ⏑ – | ⏑ ×

Der Pherekrateus ist ein katalektischer Glykoneus.

2. Horaz hat den Vers normalisiert. Alle seine Glykoneen (außer carm. 1, 15, 36 *ĭgnĭs Ílĭăcās dŏmōs*) haben Spondeus am Anfang, z. B.

carm. 1, 3, 37 *nīl mōrtálĭbŭs árdŭĭst,*

ebenso alle Pherekrateen, z. B. carm. 1, 21, 15

Pérsās átquĕ Brĭtánnōs.

Bei Catull erscheint dafür auch ein Trochäus, z. B. im Glykoneus 61, 6

cíngĕ témpŏră flórĭbŭs,

im Pherekrateus 61, 15

pínĕám quătĕ taédăm,

oder (selten) ein Iambus, z. B. im Glykoneus 34, 2

pŭéllae ét pŭĕri íntĕgrí

im Pherekrateus 34, 4

pŭéllaéquĕ cănámŭs.

3. Die Doppelkürze ist von Catull 61, 25 im Pherekrateus ausnahmsweise in eine Länge zusammengezogen: *nūtrĭūnt ūmórĕ.* Häufig ist diese Bildung im Glykoneus bei Seneca im Chorlied Oed. 882—914, z. B. 914 *édĕ quíd pōrtés nŏví.*

In den übrigen Chorliedern (Herc. f. 875—894; Thy. 336—403; Herc. Oet. 1031—1130) findet sich diese Freiheit nicht. Ein Unterschied besteht auch darin, daß in der zweiten Gruppe stets spondeischer Eingang steht, in der ersten stets trochäischer (vgl. 104).

3. Einschnitt erfolgt häufiger nach der zweiten Hebung, z. B.
Hor. carm. 3, 16, 20

Māecēnās ‖ ĕquĭtūm dĕcŭs,

seltner nach der ersten Kürze in der Mitte, z. B. Horaz carm. 1, 21, 16 *vēstrā mŏtŭs ‖ āgĕt prĕcĕ.*

Bei Horaz steht in der Hälfte aller seiner Glykoneen und Pherekrateen am Anfang zweisilbiges Wort.

4. Benannt sind der Glykoneus und Pherekrateus nach dem alexandrinischen Dichter Glykon bzw. dem attischen Dichter Pherekrates. Beide Verse kommen bei den Römern in freier Bildung schon in den Cantica der plautinischen Komödien vor (**132**). Catull und Horaz haben sich im Bau ihrer Glykoneen nach Sappho, Alkaios und Anakreon gerichtet. Bei diesen Dichtern kommen Glykoneen und Pherekrateen nur in Systemen und Strophen vor. Spätere Dichter (Seneca, Prudentius, Boethius) verwenden den Glykoneus auch stichisch (Seneca im Hercules Oet. 1060 mit einem Pherekrateus zur Bezeichnung des Sinnesabschnitts).

131. Glykoneus und Pherekrateus werden auch zu einem neuen Vers verbunden, der nach dem griechischen Fruchtbarkeitsgott Priapos **Priapéus** genannt wird, z. B. Catull 17, 21

tālĭs ĭstĕ mĕŭs stŭpŏr ‖ nĭl vĭdĕt, nĭhĭl āudĭt.

Beim Pherekrateus ist hier iambischer Anfang unmöglich. Die Diärese nach dem Glykoneus wird streng beachtet, doch kommen in ihr Elisionen vor.

Außer in Catulls 17. Gedicht findet sich der Vers in den Priapea 86 (= Verg. 3) und einem Fragment des Maecenas.

132. Bei **plautinischen Glykoneen** darf man nicht an die strenggebauten Verse von Catull und Horaz denken; es handelt sich vielmehr um ein äußerst variables Versmaß, dessen verschiedene Formen untereinander zunächst nur folgendes gemeinsam haben: sie bestehen aus vier

Hebungen; sie beginnen und schließen mit einer Hebung; in der Regel wird wenigstens e i n e Senkung durch Doppelkürze gebildet; auch die Hebungen können aufgelöst werden.

So erscheint neben der Normalform des Glykoneus, die bei Plautus sehr selten ist, z. B. Casina 712

$$\bar{a}\bar{u}r\breve{e}um\ \acute{e}t\ b\breve{o}n\breve{a}\ pl\acute{u}r\breve{u}m\breve{a},$$

eine Form mit Auflösung der ersten Hebung Cas. 733

$$m\breve{a}n\grave{e}.\ -\ quid\ \acute{e}st?\ qu\breve{i}s\ h\breve{i}c\ \acute{e}st\ h\breve{o}m\acute{o}?$$

oder eine häufige, Form, in der die zwei letzten Senkungen aus einer Doppelkürze bestehen, z. B. Bacchides 989 a

$$n\acute{\imath}l\ m\breve{o}r\acute{o}r\ n\breve{e}qu\breve{e}\ sc\acute{\imath}r\breve{e}\ v\breve{o}l\acute{o},$$

oder eine Form, in der alle Senkungen aus einer Doppelkürze bestehen, z. B. Bacch. 627

$$n\acute{o}n\ t\breve{a}c\breve{e}s\ \acute{\imath}ns\breve{\imath}p\breve{\imath}\acute{e}ns?\ -\ t\breve{a}c\breve{e}\breve{a}m?$$

Im übrigen ist die metrische Wertung oft zweifelhaft (vgl. 69), wie auch in dem angeblichen Priapeus Cas. 815

$$s\acute{e}ns\breve{\imath}m\ s\breve{u}p\breve{e}r\ \bar{a}tt\acute{o}ll\breve{e}\ l\breve{\imath}\|m\acute{e}n\ p\breve{e}d\acute{e}s\ n\breve{o}v\breve{a}\ n\acute{u}pt\breve{a}.$$

133. Der c h o r i a m b i s c h e D i m e t e r [1]) ist lediglich eine Abart des Glykoneus (**130**):

$$\text{⏕ ⏑ ⏓ – | ⏓ ‖ ⏑ ⏑ ⏓}$$

cur timet flavum Tiberim (Hor. carm. 1, 8, 8).

Er kommt nur in Verbindung mit dem Aristophaneus (**134**) als Kolon des größeren sapphischen Verses (**139**) vor. Cäsur stets nach der 3. Hebung.

134. Der A r i s t o p h a n e u s ist eine Spielform des Pherekrateus (**130**); seine Doppelsenkung steht nach der ersten, die Kürze nach der zweiten Hebung. Schema:

$$\text{⏕ ⏑ ⏑ ⏓ | ⏑ ⏓ ⏒}$$

sanguine viperino (Hor. carm. 1, 8, 9).

Horaz verwendet ihn als selbständiges Kolon nur in Verbindung mit dem größeren sapphischen Vers (**139**) in der zweizeiligen sapphischen Strophe (**164**). Seneca (Ag. 600. 604. Phaedr. 1131) setzt ihn als Abschlußkolon nach verschiedenen Versgruppen.

Genannt ist der Vers nach dem griechischen Komödiendichter Aristophanes (Ende des 5. Jahrhunderts v. Chr.); doch haben ihn schon Sappho und Anakreon verwandt.

---

[1]) D. h. Dimeter dessen 2. Metrum ein Choriambus ist.

2. In später Zeit (bei Auson, Martianus Capella 2, 124, ähnlich in einer Strophe Claudians) werden zwei Choriamben mit dem Aristophaneus zu einem neuen Vers verbunden, z. B.

$$\angle \smile \smile \angle \mid \angle \smile \smile \angle \parallel \angle \smile \smile \angle \mid \smile \angle \times$$

delicium, blanditiae, ludus amor, voluptas

(Ausonius Bissula 29).

§ 10. Der Phalaecéus oder Hendekasyllabus[1]).

135. 1. Das Schema des Phalaeceus sieht so aus:

$$\angle \, \_ \mid \angle \smile \smile \angle \mid \smile \angle \mid \smile \angle \circ$$

passer, deliciae meae puellae (Catull 2, 1).

Er hat also dem Glykoneus gegenüber einen Bakcheus mehr. Die meisten Hendekasyllabi (496) finden sich bei Catull. Dieser setzt an die Stelle der beiden ersten Längen, jedoch selten, Trochäus oder Iambus; er hat (wie Statius und Martial in allen von ihnen in Hendekasyllaben verfaßten Gedichten) in 17 Liedern nur Spondeus am Anfang.

Beispiel a) für Trochäus:

ét măgís măgís ín dĭés ĕt hórās (38, 3);

b) für Iambus:

mĕás ésse ălĭquíd pŭtárĕ núgās (1, 4).

Als Scherz muß man, wie manche andre metrische Eigentümlichkeit bei Catull, die häufige Zusammenziehung der Doppelkürze in eine Länge im Lied 55 auffassen: trefflich malen die rhythmisch lahmen Verse die Ermüdung des Suchenden, z. B.:

tĕ cāmpó quaēsímŭs ín mĭnórĕ (55, 3).

Im selben Lied 55 ist einmal an die Stelle des ersten Spondeus ein Tribrachys getreten:

Cámĕrĭúm [2]) *mĭhí péssĭmaē pŭéllaē* (55, 10).

2. Cäsur tritt bei Catull in 331 Versen nach der 3. Hebung ein, z. B. 1, 1

cúi dōnó lĕpĭdúm ‖ nŏvúm lĭbéllŭm,

in 153 Versen nach den zwei Kürzen, z. B. 1, 3

Córnēlí, tĭbí: námquĕ tú sŏlébās.

---

[1]) gr. ἐνδεκασύλλαβος = Elfsilbler.
[2]) Möglich wäre Messung als Iambus unter Annahme von Synizese (*Camerjum*).

11 Verse sind ohne Cäsur (bei Statius 36 unter 456 Hendekasyllabi). Selten wird jeder Fuß durch ein Wort ausgefüllt
wie Mart. 5, 20, 9 (Aufzählung)

cámpūs, pórtĭcŭs, ŭmbră, vírgŏ, thérmāé.

Der Widerspruch zwischen Wortakzent und
Versrhythmus wird durch die Cäsur beeinflußt. Einsilbiges Wort am Versschluß (z. B. Catull 5, 5) ist selten.

3. Der Phalaeceus ist nach dem alexandrinischen Dichter
Phalaikos genannt, der den Vers stichisch verwandt hat.
Zwischen andern Versen steht er in der griechischen Poesie
schon bei Sappho, den Tragikern u. a. In der römischen
Literatur ist er seit dem 1. vorchristlichen Jahrhundert vertreten bei Furius Bibaculus, Varro (bei Laevius frg. 32 ist
die Autorschaft zweifelhaft), vor allem aber bei Catull (dagegen hat Horaz den Phalaeceus nie verwendet). Nach Catull
bleibt er lange lebendig; er findet sich in den Priapeen, bei
Maecenas, Petron, Statius, Martial und Späteren (z. B. Prudentius, Sidonius; bei Boethius 3, 10 im Wechsel mit dem
sapphischen Elfsilbler).

§ 11. Asklepiadeen.

136. Der kleinere asklepiadeische Vers hat folgende
Gliederung:

$$\text{⏑ – } | \text{ ⏑ ⏑ ⏑ ⏑ } \| \text{ ⏑ ⏑ ⏑ ⏑ } | \text{ ⏑ ⏑́}$$

Maecenas atavis edite regibus (Hor. carm. 1, 1, 1).

Hinter dem Choriambus des Glykoneus ist also ein zweites
choriambisches Metrum eingeschoben. Die 2. Silbe ist bei
Horaz im Gegensatz zu den Griechen immer lang.

Da mit zwei Ausnahmen (Hor. carm. 2, 12, 25 und 4, 8, 17)
stets Cäsur nach der 6. Silbe steht (m. Elis. z. B. 1, 15, 18), erscheint der Vers als Zusammensetzung aus den Kola ⏑–⏑⏑⏑
und ⏑⏑⏑⏑⏑́. Doch ist eine solche Zusammensetzung historisch
nicht erweisbar, da in den ältesten Beispielen der Verwendung
des ·Verses bei dem griechischen Dichter Alkaios (6. Jahrhundert v. Chr.) oft erst nach der 7. Silbe oder gar nicht
Cäsur eintritt. Man muß also annehmen, daß Horaz oder
einer seiner Vorgänger wie in den Kola der sapphischen und
alkäischen Strophe (**138** bis **142**) so auch hier (und im größeren
Asklepiadéus, siehe **137**) die Stellung der Cäsur normalisiert
hat. Während in jenen Kola durch die Cäsur die Isolierung

iambischer, trochäischer, daktylischer Metra vermieden werden sollte, so hier offenbar das **Aufeinanderprallen zweier Hebungen in einem Wort**, wie es in den oben genannten Ausnahmen deutlich fühlbar ist, z. B. (in dem angezweifelten Vers) carm. 4, 8, 17

nón incéndiă Kár|thăgĭnĭs ĭmpĭáe.

Es ist möglich, daß schon der hellenistische Dichter Asklepiades, nach dem der Vers benannt ist, die Festlegung der Cäsur in seinen (nicht erhaltenen) „Asklepiadeen" durchgeführt hat.

Horaz verwendet den Vers stichisch (carm. 1, 1; 3, 30; 4, 8) oder als Kolon in den asklepiadischen Strophen (**166 f.**). Stichisch wird er von **Seneca** in den Tragödien und von spätlateinischen Dichtern wie **Prudentius** und **Martianus Capella** gebraucht.

137. Der **größere asklepiadeische Vers** hat folgendes Schema:

$$\underline{\underline{\smile}} \; \underline{\;} \mid \underline{\underline{\smile}} \; \smile \; \smile \; \underline{\underline{\smile}} \; \| \; \underline{\underline{\smile}} \; \smile \; \smile \; \underline{\underline{\smile}} \; \| \; \underline{\underline{\smile}} \; \smile \; \smile \; \underline{\underline{\smile}} \mid \smile \; \underline{\underline{\smile}}$$

nullam, Vare, sacra vite prius severis arborem
(Hor. carm. 1, 18, 1).

Zwischen die zwei Choriamben wird ein weiterer eingeschoben. Die zweite Silbe des Verses ist bei Catull und Horaz immer lang; bei den Griechen kann sie auch kurz sein.

Der Vers, obwohl an sich eine Einheit, wird von Horaz (außer einer nicht schwer wiegenden Ausnahme bei Wortfuge in carm. 1, 18, 16) immer in drei scheinbar selbständige Bestandteile zerlegt, z. B. Horaz carm. 1, 18, 5

$$\underline{\;} \; \underline{\;} \; \underline{\smile} \; \smile \; \smile \; \underline{\smile} \; \| \; \underline{\smile} \; \smile \; \smile \; \underline{\smile} \; \| \; \underline{\smile} \; \smile \; \smile \; \smile \; \underline{\smile} \; \underline{\underline{\smile}}$$

quis post vina gravem | militiam aut | pauperiem crepat?

Bei dem griechischen Dichter Alkaios und bei Sappho (6. Jahrhundert v. Chr.), bei denen das Kolon sich zuerst findet, werden oft beide Cäsuren oder es wird eine von beiden vernachlässigt; ihnen folgt Catull, der beide Cäsuren nur in ungefähr der Hälfte seiner Verse hat. — Der Grund, warum die Cäsuren gerade nach der 6. bzw. 10. Silbe stehen, liegt wohl hier wie beim kleineren asklepiadeischen Vers (**136**) darin, daß das Zusammenprallen zweier Hebungen vermieden werden sollte, wie es z. B. Catull 30, 11 hörbar ist:

sĭ tu ōblītŭs ĕs, ăt ‖ dĭ mĕmĭnērŭnt, mĕmĭnĭt Fĭdés.

Catull (carm. 30) und Horaz (carm. 1, 11; 1, 18 und 4, 10) haben den Vers nur stichisch gebraucht. Prudentius verwandte ihn in der praefatio als Glied einer Strophe (nach dem kleinen Asklepiadeus). Ueber den Namen des Verses siehe oben 136.

§ 12. Sapphische Verse.
138. Der sapphische Elfsilbler.

Schema: $\ \cup\ \cup\ |\ \cup\cup\ \cup\ |\ \cup\ \cup\ $.

Dem Aristophaneus (**134**) ist ein trochäisches **Metrum** vorausgesetzt.

1. Die 4. Silbe ist bei Catull (wie bei den Griechen) gelegentlich (11, 6; 15 und 51, 13) kurz, z. B. 11, 15

paucă núntiátĕ mĕae pŭéllae.

Bei Horaz ist sie stets lang, z. B. carm. 1, 22, 1

íntĕgér vītáe scĕlĕrisquĕ púrŭs.

Bei Seneca tritt zuweilen statt dieser Länge Doppelkürze ein, z. B. Agamemno 818

tárdiŭs cĕlĕrés ăgĭtárĕ cúrrūs.

Umgekehrt wird bei ihm die reguläre Doppelkürze in eine Länge zusammengezogen, z. B. Agam. 809

Árgŏs trātáe cārúm nŏvércáe.

2. Die Cäsur ist bei Catull nur in drei Fünfteln seiner sapphischen Elfsilbler nach der 5. Silbe, z. B. 11, 1

Fúri ĕt Áurēlí, cŏmĭtés Cătúlli,

in einem Viertel nach der 6. Silbe, z. B. 51, 13:

ótiŭm, Cătúllĕ, tĭbí mŏlĕstūmst,

der Rest seiner Verse hat keine Cäsur. Horaz hat in den ersten drei Büchern der Oden fast stets Cäsur nach der 5. Silbe — ebenso die Dichter nach Horaz —, während im 4. Buch der Oden und im carmen saeculare daneben öfters Cäsur nach der 6. Silbe auftritt.

Dagegen ist sogar Wortschluß in der 4. Silbe möglichst vermieden[1]) und nach der 7. Silbe nicht gerade häufig; umgekehrt wird die 6., 7. und 8. Silbe gerne durch anapästisches Wort ausgefüllt; oft besteht auch Silbe 6—9 aus einem Wort. Selten ist ein Vers wie Horaz carm. 4, 11, 21: 11, 21:

Télĕphúm, quĕm ǁ tú pĕtís, ǁ óccŭpávít,

---

[1]) Ausnahmen (nach einsilbigen Wörtern) Catull 11. 23 *ultimi flos* und 51. 1. Sonst folgt immer ein anderes einsilbiges Wort wie Catull 51. 2 *ille si fas | est* und 20mal bei Horaz.

bei dem der Hörer das Gefühl haben kann, als bestehe das Ganze aus einem Daktylus zwischen zwei trochäischen Metra[1]).

3. Der sapphische Elfsilbler ist ein Bestandteil der sapphischen Strophe (vgl. 168); die ältesten Kola dieser Art stammen von Alkaios und Sappho (6. Jahrhundert v. Chr.); ihre Verse haben keine feste Cäsur; sowohl Kürze wie Länge ist in der 4. Silbe gestattet. Die griechische Dichterin Melinno (Lebenszeit umstritten) baut die Verse wie Catull. Seneca verwendet den sapphischen Elfsilbler auch stichisch (ebenso Boethius 2, 6).

139. Der größere sapphische Vers.

Schema: ´ ◡ ´ – | ´ ◡ ◡ ~ ‖ ´ ◡ ◡ ~ | ◡ ´ ◡

saepe trans finem iaculo nobilis expedito
(Horaz carm. 1, 8, 12).

Er ist scheinbar zusammengesetzt aus dem choriambischen Dimeter (133) und dem Aristophaneus (134); doch war der Vers wohl ursprünglich eine Einheit und einem choriambischen Tetrameter gleichwertig; die Entstehung der Cäsur wäre dann ebenso zu verstehen wie beim kleineren und größeren Asklepiadeus 136 und 137. Bemerkenswert ist, daß in seiner ersten Hälfte Wortakzent und Versrhythmus fast stets einander widersprechen, in der zweiten fast stets miteinander übereinstimmen. Cäsur nach der 8. Silbe ist verbindlich.

Der Vers ist von Sappho und Anakreon zuerst gebraucht worden; im Lateinischen kommt er nur bei Horaz carm. 1, 8 vor und zwar in der Weise, daß je ein größerer sapphischer Vers auf einen Aristophaneus folgt (vgl. 164).

§ 13. Alkäische Verse.

140. Der alkäische Elfsilbler.

Schema: ◡ ´ ◡ ´ – ‖ ´ ◡ ◡ ´ | ◡ ´

nunc est bibendum nunc pede libero (Hor. carm. 1, 37, 1).

Der Vers ist scheinbar aus zwei Hälften zusammengesetzt. Er gleicht einem Glykoneus, dessen zweisilbiger Eingang durch das iambische Penthemimeres (103) vertreten wird. Die Cäsur, die die Hälften voneinander trennt, steht mit wenigen Ausnahmen (1, 37, 14 und 4, 14, 17; in Wortfuge 1, 16, 21. 1, 37, 5. 2, 17, 21) immer nach der 5. Silbe (stets auch bei den

---

[1]) Ähnlich Hor. carm. 1, 22, 7. 2, 8, 5. 2, 10, 17. 3, 11, 50. 4, 2, 45.

Nachahmern des Horaz). Obwohl durch diese Cäsur die Versteilung stets völlig klar ist, hat Horaz außerdem Wortschluß nach der 4. Silbe fast ganz vermieden und eventuelle Fugen nach der 6. und 7. Silbe durch enge Zusammengehörigkeit der dort aufhörenden oder beginnenden Wörter überbrückt. Die erste Silbe des Kolons ist nur selten kurz (nie im 4. Buch der Oden).

Der Vers ist wie die beiden andern Kola der alkäischen Strophe (141 und 142) von dem griechischen Dichter Alkaios in die Literatur eingeführt worden. Alkaios behandelte den Vers freier als Horaz; die fünfte Silbe konnte bei ihm auch kurz sein (wie die erste). Cäsur war nicht verbindlich. Horaz hat, vielleicht im Anschluß an hellenistische Vorbilder, den Vers normalisiert.

Bei Horaz kommt der Vers nur als Bestandteil der alkäischen Strophe (169) vor. Bei Seneca (z. B. Oed. 496 Ag. 610) wird er in freier Weise unter andere Metra eingeschoben; bei Claudians fescennini 1 (oft mit Zeilenreim), Prudentius peristephanon 14 und Ennodius hymn. 17 (in vierzeiligen Strophen) wird er stichisch gebraucht.

141. Der alkäische Zehnsilbler. 34*)

Schema: ⏑ ‿ ‿ | ⏑ ‿ ‿ ‿ | ‿ ⏑ ⏒
Troilon aut Phrygiae sorores (Hor. carm. 2, 9, 10).

Dem Aristophanius geht ein Daktylus voran.

Der alkäische Zehnsilbler ist (wie der Neunsilbler) bei Horaz mit wenigen Ausnahmen in drei Teile geteilt. Bevorzugte Cäsuren sind:

α. ⏑ ‿ ‿ ⏑ ‖ ‿ ‿ ⏑ ‖ ‿ ⏒
Penelopen ‖ vitreamque ‖ Circen (carm. 1, 17, 20),
Roma ferox ‖ dare iura ‖ Medis (carm. 3, 3, 44),
d. h. das mittlere Glied besteht entweder aus einem Wort mit zwei Kürzen am Anfang, einer Länge und einer Kürze am Schluß oder einem Wort mit zwei Kürzen und einem trochäischen Wort;

β. *tĕmpŭs ĕrăt ‖ dăpĭbŭs ‖ sŏdălēs* (carm. 1, 37, 4),
d. h. das mittlere Glied besteht aus einem anapästischen Wort.

γ. Weniger häufig ist das mittlere Glied ein choriambisches Wort, z. B.

Sĭsўphŭs ‖ Āĕŏlĭdēs ‖ lăbŏrĭs (carm. 2, 14, 20),

oder ein fünfsilbiges Wort (Daktylus + Trochäus)

pŏrtĭcŭs ‖ ĕxcĭpĭĕbăt ‖ árctŏn (carm. 2, 15, 16).

Alle andern Einteilungen können als Ausnahmen betrachtet werden.

Auch hier, wie beim Glykoneus, beim sapphischen Elfsilbler sowie beim alkäischen Elfsilbler und Neunsilbler (vgl. 130, 138, 140, 142), ist der Sinn der von Horaz gewöhnlich angewandten Teilung der, ein Auseinanderfallen des Kolons in die Füße bzw. Metra geläufiger Versmaße zu vermeiden. Demnach findet sich nur einmal (carm. 3, 3, 64)

cŏniŭgĕ ‖ mĕ Iŏvĭs ‖ ĕt sŏrŏrĕ

eine Teilung, durch die zweimal je ein Daktylus und das trochäische Metrum am Schluß isoliert werden. Die häufigsten Teilungen α und β trennen weder Daktylen noch das trochäische Metrum ab.

Das Verhältnis von Versrhythmus und Wortakzent ergibt sich auch hier aus der Versteilung.

Der Vers kommt fast nur als Bestandteil der alkäischen Strophe (**169**) vor. In freier Weise verwendet ihn Seneca Oed. 415 und Ag. 841; bei Boethius 3, 4 ist er Epodenvers zum phalaekischen Hendekasyllabus.

142. Der alkäische Neunsilbler.

Schema: ⌣ ⏑ ⌣ ⏓ – – ⏑ ⏓ ⏑ ∪

non voltus instantis tyranni (Hor. carm. 3, 3, 3).

Die erste Silbe ist meistens lang, immer im 4. Buch der horazischen Oden und bei Statius; stets lang ist auch (im Gegensatz zum Griechischen) die fünfte Silbe.

2. Verbindliche Cäsuren hat der Vers nicht; doch ist die besonders in feierlichen Gedichten bevorzugte Wortabteilung derart, daß durch zwei Einschnitte entweder ein molossisches Wort oder ein einsilbiges langes und ein spondeisches Wort (oder umgekehrt) in die Mitte des Verses zu stehen kommt, also (carm. 3, 6, 31):

α. *sēu návĭs ‖ Hĭspānāe ‖ măgĭstĕr*

oder (carm. 3, 2, 3):

β. *cŏndĭscăt ‖ ĕt Pārthŏs ‖ fĕrŏcĭs.*

Seltener, aber auch noch ziemlich häufig kommt eine Teilung vor, durch die ein Wort mit einer Kürze und drei

Längen oder ein einsilbiges kurzes und ein molossisches Wort in die Versmitte zu stehen kommt, also (carm. 3, 23, 15):

γ. *pārvŏs ‖ cŏrŏnāntĕm ‖ mărĭnō*

oder (carm. 3, 17, 7):

δ. *princĕps ‖ ĕt ĭnnāntĕm ‖ Mărĭcāe.*

Ebenfalls seltner wird der Vers so geteilt, daß ein Wort, das aus drei Längen und einer Kürze besteht, oder einsilbiges langes Wort + dreisilbiges Wort (oder umgekehrt) in der Mitte des Verses steht, z. B. carm. 4, 4, 63:

ε. *mōnstrŭmvĕ ‖ sŭbmĭsĕrĕ ‖ Cŏlchi*

oder carm. 4, 9, 19:

ζ. *vēxăiā, ‖ nŏn pūgnăvĭt ‖ ĭngēns.*

Neben diesen Teilungsmöglichkeiten darf man alle andern Teilungen als Ausnahmen bezeichnen, beispielsweise bakcheisches Wort oder einsilbiges kurzes + spondeisches Wort in der Versmitte (z. B. carm. 2, 19, 19 *nōdŏ ‖ cŏērcēs ‖ vĭpĕrĭnō*, oder carm. 3, 4, 75 *mĭssŏs ‖ ăd ŏrcūm ‖ nĕc pĕrĕdĭt*); zuweilen zerfällt der Vers statt in drei in zwei Teile (carm. 2, 14, 11 *ēnăvĭgāndā, ‖ sĭvĕ rēgēs*).

Horaz will es, wie im alkäischen Elfsilbler (140), im alkäischen Zehnsilbler (141) und im sapphischen Elfsilbler (138) vermeiden, daß der Vers so klingt, als enthalte er ein oder zwei Metra der geläufigsten Versmaße als selbständige Teile. Deshalb schneidet Horaz im alkäischen Neunsilbler ungern ein iambisches bzw. ein trochäisches Metrum durch Cäsur ab.

Nur in den weniger häufig angewandten Schemata (s. oben) wie *nodo coerces ‖ viperino, missos ad orcum ‖ nec peredit* und *enaviganda ‖ sive reges* besteht der letzte Teil des Kolons aus einem trochäischen Metrum. Zu den Seltenheiten gehören Verse mit zwei abgeteilten trochäischen Metra, wie carm. 2, 13, 11

tē, ‖ trĭstĕ lĭgnūm, ‖ tĕ, cădŭcŭm

oder mit iambischem erstem Teil, wie carm. 1, 26, 11

hŭnc Lĕsbĭŏ ‖ sācrărĕ ‖ plĕctrō.

Das Verhältnis von Wortakzent und Versrhythmus ergibt sich zwangsweise aus den Teilungen.

3. Der Vers ist ein Bestandteil der alkäischen Strophe (vgl. 169). Alkaios hat Wortende in der 4. Silbe vermieden.

§ 14. Aus Horazkola entstandene Verse. 35*)

143. In einigen Cantica der Tragödien Senecas (Oedipus 405—428; 472—503; 709—763; Agamemno 589—637, 808—866; Phädra 736—823, 1123—1155) folgen, abgesehen von einigen vollständigen Versen der horazischen Strophen, **Teile dieser Kola** in buntem Wechsel aufeinander. Seneca kam zu diesen zerstückelten Versen durch die Derivationstheorie [1]), die Gewinnung von Neubildungen durch *detractio* und *adiectio, concinnatio* und *permutatio* lehrte.

Es können von diesen unlebendigen Gebilden nur einige Proben angeführt werden. Der **sapphische Elfsilbler** erscheint ohne die letzte Silbe (Oedipus 405), ohne die letzten zwei Silben (Agamemno 812); ferner ist z. B. Oedipus 412 der zweite Teil, Agamemno 851 der erste Teil des Elfsilblers; Agamemno 856 wird der erste Teil, Oed. 482 die zweite Hälfte zweimal gesetzt; Oedipus 495 erster und zweiter Teil miteinander vertauscht *(niveisque lactis candidos fontes)*.

Ähnlich ist Agamemno 609 ein **alkäischer Elfsilbler** ohne letzte Silbe. Oedipus 484 ist aus der ersten Hälfte des alkäischen Elfsilblers und des sapphischen Elfsilblers zusammengesetzt.

Ähnliche Neubildungen kommen noch im Spätlatein vor; z. B. ist Martianus Capella 9, 915

idm nūnc blándă mĕlŏs cárpĕ Dĭŏnē

ein katalektischer Asclepiadeus minor; Boethius 4, 5 ein katalektischer alkäischer Elfsilbler.

§ 15. Klauseln.

144. Unter Klauseln (=Schlußkola) versteht man in der Versmessung Kola, die meistens als Abschluß von größeren Perioden oder auch als Anhängsel an normal gebaute Einzelverse erscheinen. Die Klauseln sind, wie alle Kola, nicht mehr weiter zerlegbare Einheiten. In der alten lateinischen Dramendichtung ist bei weitem die wichtigste Klausel:

145. Das Reizianum 36*) (benannt nach dem deutschen Philologen Reiz, 1733—90). Das Kolon ist sehr frei gebaut;

---

[1]) Derivationstheorie (von *derivare* = ableiten) ist die Lehre, daß alle anderen Verse von den beiden Haupttypen **Hexameter** und **Trimeter** abgeleitet sind.

es gilt nur die Regel, daß stets zwei Hebungen und drei Senkungen vorliegen müssen. Somit ergibt sich das Schema

$$\breve{\;}\,\acute{\breve{\;}}\,\breve{\;}\,\acute{\breve{\;}}\;\times$$

Alle möglichen Kombinationen, die nach diesem Schema erlaubt sind, finden sich z. B. in der Partie Plautus Aul. 415 bis 445, in der jeweils auf einen akatalektischen iambischen Dimeter ein Reizianum folgt, wodurch je ein sog. versus Reizianus entsteht, z. B. 415

rĕdī, quó fŭgĭs nūnc? tĕnĕ̆, tĕnĕ̆.‖quĭd, stŏ̆lĭ̆dĕ̆, clámās?

Auch mit anapästischen akatalektischen Dimetern wird das Reizianum, allerdings seltener, verbunden, z. B. Plautus Poen. 1200

nūnc hĭnc săpĭt, hĭnc sēntĭt, quĭdquĭd | săpĭt, éx mĕo ămŏ̆rĕ̆.

Ferner stehen Reiziana bei iambischen Kola, bei trochäischen, kretischen Versen und Kola, bei Glykoneen und verwandten Kola; in Verbindung mit bakcheischen Kola und Versen sind Kola vom Aussehen eines Reizianums als kontrahierte bakcheische Dimeter zu werten, vgl. 116 am Ende.

Endlich folgen Reiziana nicht selten in längeren Reihen aufeinander — sie haben dann ihren Klauselcharakter ganz verloren, z. B. Plautus Cas. 751 ff.:

glădĭŭ̆m Căsinam ĭntŭs hăbére ăĭt, ‖ quī me ác te intérĭmāt.
          scĭŏ; sĭc sine hăbĕ̆rĕ̆.
          nūgás ăgŭnt; nŏvī
          ĕgo ĭllás măldə̆ mĕrcēs.
          quĭn tu ĭ mŏ̆dŏ̆ mĕcŭm
          dŏmum. ăt pŏ̆l mălŭm mĕtŭō.
  ĭ tŭ̆ mŏ̆dŏ̆, pĕrspĭ̆cĭ̆tŏ̆ prĭŭs ‖ quĭd ĭntŭs ăgátŭr.

(Die Perikope wird durch einen versus Reizianus eingeleitet und abgeschlossen).

Auch das Reizianum erscheint vor Plautus bereits in der griechischen Poesie, der hohen sowohl wie der volkstümlichen, aber in stichischer Verwendung nur ausnahmsweise. So sind stichische Bakcheen, Kretiker, Reiziana und versus Reiziani in erster Linie als metrisches Sondergut der altlateinischen Bühne zu betrachten[1]).

146. Der Ithyphallicus ist seiner Form nach ein trochäischer Dreifüßler, z. B. Plautus Curc. 121

          ĭdm bĭbĕ̆s. — dĭŭ̆ fĭt.

---

[1]) Scheinbare Reiziana bei Seneca sind als verselbständigte Teile (148) sapphischer (z. B. Oed. 719 *monituque Phoebi*) bzw. alkäischer (z. B. Oed. 490 *damnum marito*) Verse aufzufassen.

1. Bei **Plautus** schließt er oft eine kretische Partie; seltener tritt er mit andern Versen, z. B. trochäischen oder glykoneischen, in Verbindung. Beispiel (Plautus Pseud. 1268/70):

hóc ĕgŏ́ mŏdŏ́ | átque ĕrŭ́s mĭnŏ́r hŭ́nc dĭĕ́m | sŭ́mpsĭmŭ́s prŏthȳ́mē, pŏ́stquam ŏ́pŭs mĕŭ́m | ŏ́mne ūt vŏ́lŭi pĕ́rpĕtrávi | hŏ́stĭbŭ́s fŭ́gátĭs.

(Auf einen Hypodochmius+Glykoneus folgt jeweils ein Ithyphallicus).

Der Ithyphallicus wird — ganz anders als das Reizianum — völlig rein nach dem Schema ($\,$⏑$\,$⏑$\,$⏑$\,$) gebaut; erlaubt ist daneben nur die Form ⏑$\,$⏑$\,$⏑$\,$⏑$\,$ (Plautus Capt. 208 sĕ́ntĭŏ́ quām rem ăgĭtĭs).

2. Bei **Horaz** bildet er das zweite Glied des Archilochius (**148**). Die letzte Silbe ist immer (von Natur oder durch Position) lang, z. B. carm. 1, 4, 13

pāupĕrŭm tăbĕrnās.

3. Der Ithyphallicus war schon bei den Griechen eine beliebte Klausel; entstanden ist er vielleicht durch Kontraktion des Dimeterendes ⏑$\,$⏑$\,$⏑$\,$⏑ (⏑) ⏑.

4. Horaz hat sich in dem einzigen Gedicht, in dem er den Ithyphallicus verwendet (carm. 1,4), an den griechischen Dichter **Archilochos** als Vorbild gehalten.

147. Adonéus.[1])

Er sieht wie der Hexameterschluß aus. Beispiel: Hor. carm. 2, 8, 8 pŭ́blĭcă cŭ́ră.

Elision findet im Adoneus nicht• statt (Aphäresis nur Catull 11, 24 táctŭs ărátrō est).

Wortakzent und Versrhythmus decken sich fast immer.

Dem Adoneus geht in der sapphischen Strophe (**168**) stets der sapphische Elfsilbler voraus; da zuweilen ein Wort am Ende des Elfsilblers abgebrochen und im Adoneus fortgesetzt wird und auch sonst enge Verbindung zwischen Elfsilbler und Adoneus herrscht (z. B. durch Elision am Ende des Elfsilblers), ist es gestattet, den dritten sapphischen Elfsilbler der sapphischen Strophe und den Adoneus als **einen** Vers zu betrachten. (Ueber den Adoneus bei Seneca siehe **170**).

---

[1]) Benennung nach dem Gott Adonis (vgl. den Klageruf ὦ τὸν Ἀδωνιν).

Im Spätlatein (bei Martianus Capella und Boethius) wird der Adoneus auch stichisch verwendet. Vgl. 115 (Dochmius), 121 (Hypodochmius).

§ 16. Zusammengesetzte Kola.

148. Der Archilochius.

1. Der Vers ist zusammengesetzt aus dem akatalektischen daktylischen Tetrameter (68) und dem Ithyphallicus (146). Horaz (carm. 1, 4) hat ihn nur in Verbindung mit dem iambischen Trimeter. Hiat zwischen den beiden Teilen ist nicht zugelassen. Beispiel (carm. 1, 4, 1):

sŏlvĭtŭr ăcrĭs hĭĕms grātă vĭcĕ ‖ vĕrĭs ĕt Făvŏnī.

2. Bei Prudentius perist. 13 und Boethius 5, 5 wird der Archilochius stichisch verwendet (bei Prudentius zuweilen mit Verletzung der Diärese).

149. Der Elegiambus (Hor. epod. 11).

1. Er ist zusammengesetzt aus einem Hemiepes (70) und einem akatalektischen iambischen Dimeter (99), z. B. (epod. 11, 20) *iŭssŭs ăbīrĕ dŏmŭm ‖ fĕrĕbăr ĭncērtŏ pĕdĕ.*
Vor der Diärese kann kurze Silbe stehen (v. 6. 10. 26); die Silbe vor der Diärese kann auch im Hiat mit der folgenden Silbe stehen (v. 14. 24). Da dies Kennzeichen des Versschlusses sind [1]), wird man die beiden Teile des Verses für selbständig erklären können.

2. Vergleichen läßt sich Boethius 1,2 (Hemiepes + Adoneus) und 3,1 (Hemiepes + 4. Päon) [2]).

150. Der Iambelegus (Hor. epod. 13).

Er ist eine Umkehrung des vorigen Verses, z. B. (epod. 13, 12) *invĭctĕ, mŏrtālĭs dĕă ‖ nātĕ pŭĕr Thĕtĭdĕ.*
Die Silbe vor der Diärese kann auch kurz sein (v. 8. 10). Aus demselben Grund also wie bei dem Elegiambus wird man annehmen können, daß zwei selbständige Verse vorliegen.

Vgl. auch 131 (Priapeus) und 139 (größerer sapphischer Vers). Freiere Zusammensetzungen bei Boethius 3, 6 und 4, 2 (128).

---

[1]) Vgl. 87.
[2]) Vgl. 128 und 185 D.

5. Kapitel.

Kompositionsformen der Lieder.

151. Es ist zu unterscheiden zwischen den Kompositionsformen der klassischen Liederdichter Catull und Horaz, die
sich an das Vorbild der griechischen Lyriker (bzw. Iambo-
graphen) anschließen, und denen der plautinischen Cantica,
die im wesentlichen aus Formen der griechischen Tragödie
weiter entwickelt sind. Seneca und die spätlateinischen
Dichter haben die horazischen Gedichtformen teils unverändert übernommen, teils zu Neubildungen umgestaltet.

A. Catullische und horazische Liedformen.

§ 1. Stichische Systeme [1]).

152. Stichisch wird von Catull carm. 30 und Horaz carm.
1, 11; 1, 18; 4, 10 der größere Asklepiadeus (**137**) verwendet
(fünfte asklepiadeische Strophe). Horaz gebraucht in gleicher
Weise den kleineren Asklepiadeus (**136**) in carm. 1, 1; 3, 30;
4, 8 (erste asklepiadeische Strophe), Ioniker (**126**) in carm.
3, 12 und den Trimeter (88 ff.) in epod. 17.
Die Herausgeber zerlegen alle horazischen Oden in vierzeilige Strophen (lex Meineke); carm. 4, 8, das der Abteilung
widerstrebt, wird als durch Interpolation verderbt angesehen. Sinnesabschluß und Interpunktion brauchen mit
Strophenende nicht zusammenzufallen.

§ 2. Die glykoneischen Strophen [2]) Catulls.

153. Glykoneische Strophen hat Catull in zwei Hoch-
zeitsliedern nach dem Muster des Anakreon gebildet. In den
Strophen des Liedes 34 herrscht vollständige Synaphie [3])
(Elision v. 11 u. 22), doch fällt stets Wortende und Versende
zusammen. Beispiel 34, 5 ff.

> *ŏ Lātŏnĭă, mắxĭmĭ*
> *mắgnă prŏgĕnĭḗs Iŏvĭ,*
> *quắm mātĕr prŏpĕ Dēlĭắm*
> *dĕpŏsĭvĭt ŏlĭvăm.*

---

[1]) Vgl. **40.**
[2]) Über Strophen im allgemeinen vgl. **40.**
[3]) Vgl. **41.**

In den Strophen von Lied 61 findet 'sich syllaba
anceps[1]) am Ende des 3. Glykoneus[2]) in Vers 223. Beispiel 61, 221 ff.

> *sĭt sŭŏ sĭmĭlĭs pătrī*
> *Mánlĭo ét făcĭle ĭnscĭeīs*
> *nŏscĭtétŭr ăb ōmnĭbŭs*
> *ét pŭdĭcĭtĭám sŭaē*
> *mátrĭs ĭndĭcĕt ŏrĕ.*

Elision am Ende des 2. Glykoneus v. 122, 142 und 147.
Wortbrechung zwischen 1. und 2. Glykoneus v. 46 und 86.
Die Strophen sind katalektisch, d. h. der letzte Vers ist
ein Pherekrateus (130).
Man kann die Strophen auch in 2 bzw. 3 Glykoneen+Pria-
peus (131) zerlegen.

§ 3. Die horazischen Epoden[3]).

Die „Epoden" des Horaz sind Lieder, die auf je einen Vers
einen andersartigen als Abgesang folgen lassen. Horaz hat
in diesen Gedichten nach dem Vorbild des Archilochos
(7. Jahrhundert v. Chr.) je zwei meist inhaltlich zusammengehörige Verse zu respondierenden Strophen verbunden; es
handelt sich ausschließlich um iambische und daktylische
Verse. Die Schemata dieser epodischen Strophen sind:

154. Iambische Epode (epod. 1—10).

Verbindung eines iambischen Trimeters mit einem akatalektischen iambischen Dimeter (vgl. 88 und 99). Synaphie[4])
zwischen den beiden Versen ist nicht erforderlich. Beispiel
(epod. 2, 1 und 2):

> *bĕátŭs íllĕ, quí prŏcúl nĕgótĭĭs,*
> *út príscă géns mōrtálĭŭm.*

Diese beliebteste Epodenform findet sich auch bei Vergil
catalepton 13, Sen. Med. 771 ff., Ausonius, Paulinus Nolanus,
Prudentius u. a.

---

¹) Vgl. 87.
²) Hiat an gleicher Stelle in den Versen 123, 143, 168, 173, 183, 188
bei Annahme von anlautendem *o* statt *io* im jeweils folgenden Vers.
³) Vgl. 40.
⁴) Vgl. 41.

155. Elegiambische Epode (epod. 11).

Verbindung eines iambischen Trimeters mit einem Elegiambus (vgl. 88 und 149). Keine Synaphie [1]) zwischen den beiden Kola. Beispiel (epod. 11, 1 und 2):

Pĕttí nĭhíl mē sícŭt ántĕá iŭvát
scríbĕrĕ vérsícŭlós ămórĕ pércŭssúm grăví.

156. Daktylische Epode=erste archilochische Strophe (epod. 12; vgl. 160).

Verbindung eines daktylischen Hexameters (50 ff.) mit einem katalektischen daktylischen Tetrameter (69). Es herrscht Synaphie zwischen den beiden Versen. Beispiel (epod. 12, 25 und 26):

ó ĕgŏ nón félíx, quām tú fŭgís, út pāvĕt ắcrīs
ágnă lŭpós căprĕáĕquĕ lĕónēs.

Der Synaphie entspricht es, daß die letzte Silbe des Hexameters entweder von Natur oder durch Position (hervorgerufen durch die 1. Silbe des Tetrameters) lang sein muß. Elision ist ausgeschlossen (Vers 9: *neque = nec*). Im Tetrameter ist Ersatz des Daktylus durch den Spondeus nur im 1. und 2. Metrum gestattet.

157. Iambelegische Epode (epod. 13).

Verbindung eines daktylischen Hexameters (50 ff.) mit einem Iambelegus (150). Keine Synaphie zwischen den beiden Kola, keine Elision. Beispiel (epod. 13, 17 und 18):

íllic ómnĕ mălúm vīnó cāntúquĕ lĕvátō
dēfórmīs āegrīmónīáe dúlcĭbŭs ádlŏquĭĭs.

158. Erste daktylisch-iambische Epode (epod. 14 und 15).

Verbindung eines daktylischen Hexameters (50 ff.) mit einem akatalektischen iambischen Dimeter (99). Keine Synaphie zwischen den beiden Versen. Elision selten. Beispiel (epod. 15, 1 und 2):

nóx ĕrăt ét cāeló fŭlgébāt Lúnă sĕrénō
intĕr mĭnóră sídĕră.

Nachbildung Ausonius 392 S. p. 254 P. und 399 S. p. 228 P.

---

[1]) Vgl. 41.

159. Zweite daktylisch-iambische Epode
(epod. 16).

Verbindung eines daktylischen Hexameters (50 ff.) mit
einem iambischen Trimeter (88; bei Horaz einem trimeter
purus; vgl. 96). Keine Synaphie zwischen den beiden Versen,
keine Elision innerhalb der daktylischen Verse. Diese bei
Archilochos nicht nachweisbare epodische Strophe findet
sich bei kleinasiatischen hellenistischen Dichtern. Beispiel
(epod. 16, 1 und 2):

ăltĕră iăm tĕrĭtŭr bĕllĭs cĭvĭlĭbŭs āetās
sŭĭs ĕt ĭpsă Rōmă vĭrĭbŭs rŭĭt.

Nachbildung bei Ausonius 209 S. p. 65 P. und Prudentius
peristephanon 9.

Ueber die stichisch gebrauchten iambischen Trimeter
(epod. 17) vgl. 152.

§ 4. Die Strophen der Oden.

Die Strophen der Oden hat Horaz verschiedenen griechischen Vorbildern, besonders Alkaios und Sappho, nachge-
schaffen. Eine von diesen Strophen kommt auch in den
Epoden des Horaz vor (156).

I. Die zweizeiligen Strophen der Oden.

160. Die erste archilochische Strophe (carm. 1, 7;
1, 28) weist in den Oden eine andere Technik als in den
Epoden darin auf, daß keine Synaphie besteht. Hiat finden
wir 1, 7, 25. 29; 1, 28, 17. 23; einen Spondeus (bei einem
Eigennamen) im 3. Fuß 1. 28, 2 *cŏhĭbént Ārchy̆tă* (vgl. im
übrigen 156).

Bei Boethius 1, 3 verbindet sich der Hexameter mit einem
akatalektischen daktylischen Tetrameter.

161. Zweite archilochische Strophe
(carm. 4, 7).

Auf einen daktylischen Hexameter (50 ff.) folgt ein Hemiepes (70). Beispiel (carm. 4, 7, 1 f.):

dĭffūgérĕ nĭvés, rĕdĕŭnt iăm grămĭnă cámpĭs
ărbŏrĭbúsquĕ cŏmāe.

Zwischen den beiden Versen der Strophe herrscht Synaphie. Nach je **vier** Versen ist auch inhaltlich ein Absatz deutlich. Nachbildung bei Ausonius 185 S. p. 46 P. und 327 S. p. 115 P.

162. Dritte archilochische Strophe
(carm. 1, 4).

Verbindung eines archilochischen Verses (siehe **148**) mit einem katalektischen iambischen Trimeter (siehe **98**). Beispiel (carm. 1, 4, 1 f.):

> sólvitŭr ácrĭs hiéms grātá vĭcĕ vérĭs ĕt Făvónī
> trăhúntquĕ sĭccās máchĭnāe cărínās.

Mit Ausnahme des Verses 1, 4, 2 ist bei Horaz die erste Silbe des iambischen Trimeters immer lang (z. B. 1, 4, 8: *Vólcănŭs árdēns vísĭt óffĭcínās*). Im ganzen Gedicht 1, 4 herrscht Synaphie: Hiat nur einmal nach einer langen Silbe am Ende von 1, 4, 9. Zum erstenmal wurde die Strophe, ebenso wie die vorige, von **Archilochos** verwandt. Nachbildung bei Prudentius peristephanon 12.

163. Die **vierte asklepiadeische Strophe** (carm. 1, 3; 1, 13; 1, 19; 1, 36; 3, 9; 3, 15; 3, 19; 3, 24; 3, 25; 3, 28; 4, 1; 4, 3) besteht aus einem Glykoneus (**130**), gefolgt von einem kleineren Asklepiadeus (**136**). Beispiel (carm. 1, 3, 25 f.):

> áudāx ómnĭă pérpĕtī
> géns hūmánă rŭĭt pér vĕtĭtúm néfăs.

Keine Synaphie zwischen den beiden Kola; trotzdem am Schluß von carm. 4, 1, 35 Elision.

164. Die zweizeilige sapphische Strophe
(carm. 1, 8).

In ihr folgt auf einen Aristophaneus (**134**) ein größerer sapphischer Vers (**139**). Beispiel (carm. 1, 8, 13 f.):

> quíd lătĕt, út mărínāe
> fíliŭm dīcúnt Thĕtĭdĭs súb lăcrĭmósă Tróiae.

Es wird also ein choriambischer Dimeter (**133**) von zwei Aristophanii eingeschlossen. Hiat zwischen einem Versende und einem Versanfang findet sich nur 1, 8, 3, sonst herrscht Synaphie. Beachtenswert ist, daß die strophische Gliederung sich auch dann nicht mit der logischen durchgehends deckt, wenn man je 4 Verse zu einer Strophe zusammennimmt. Diese häufige Ueberschneidung von Sinn und Metrum ist beabsichtigt, der leidenschaftliche Inhalt von 1, 8 soll die metrische Form sprengen.

165. Hipponakteische Strophe (carm. 2, 18).

Auf einen katalektischen trochäischen Dimeter (104) folgt ein katalektischer iambischer Trimeter (98). Beispiel (carm. 2, 18, 1 f.):

> nŏn ĕbŭr nĕque aūrĕŭm
> mĕā rĕnĭdĕt ĭn dŏmŏ lăcŭnăr.

Die erste Silbe des Trimeters ist kurz außer in 2, 18, 6 und 34 und Prud. epil. 20. Synaphie herrscht weder innerhalb der Strophen noch zwischen den Strophen. Hiat nach dem Dimeter 2, 18, 5. Alkaios hat die Strophe zuerst literarisch verwandt. Nachbildung bei Prudentius epilog.
Eine zweizeilige Strophe ist auch das elegische Distichon (67).

II. Die vierzeiligen Strophen der Oden.

166. Zweite asklepiadeische Strophe (carm. 1, 6; 1, 15; 1, 24; 1, 33; 2, 12; 3, 10; 3, 16; 4, 5; 4, 12).

Auf drei kleinere Asklepiadeen (136) folgt ein Glykoneus (130). Beispiel (carm. 4, 5, 5 ff.):

> lūcĕm rĕddĕ tŭaē, dŭx bŏnĕ, pătrĭaē:
> ĭnstār vēris ĕnĭm vŏltŭs ŭbĭ tŭŏs
> ădfūlsĭt pŏpŭlŏ, grātĭŏr ĭt dĭēs
> ĕt sōlēs mĕlĭŭs nĭtēnt.

Es herrscht keine Synaphie.

167. Dritte asklepiadeische Strophe (carm. 1, 5; 1, 14; 1, 21; 1, 23; 3, 7; 3, 13; 4, 13).

Auf zwei kleinere Asklepiadeen (136) folgt ein Pherekrateus und ein Glykoneus (130). Beispiel (carm. 3, 13, 13 ff.):

> fĭēs nōbĭlĭŭm tŭ quŏquĕ fōntĭŭm
> mĕ dīcĕntĕ căvĭs ĭmpŏsĭtam ĭlĭcĕm
> sāxĭs, ŭndĕ lŏquăcēs
> lўmphaē dĕsĭlĭŭnt tŭaē.

Pherekrateus und Glykoneus sind durch Synaphie gebunden, ausgenommen carm. 1, 23, 3 und 7. Umbildung bei Seneca s. 170.

168. Die sapphische Strophe (carm. 1, 2; 1, 10; 1, 12; 1, 20; 1, 22; 1, 25; 1, 30; 1, 32; 1, 38; 2, 2; 2, 4; 2, 6; 2, 8; 2, 10; 2, 16; 3, 8; 3, 11; 3, 14; 3, 18; 3, 20; 3, 22; 3, 27; 4, 2; 4, 6; 4, 11; carm. saec.). (Catull 11; 51).

Äußerlich läßt sich die sapphische Strophe in drei sapphische Elfsilbler (138) und einen Adoneus (147) zerlegen. Es ist jedoch schon bei der Behandlung des Adoneus gesagt worden, daß man den dritten Elfsilbler mit dem Adoneus verbinden kann; es entsteht so eine Strophe, in der die Form a a b herrscht, z. B. carm. 1, 2, 17—20:

a) Īlīāe dūm sē nĭmĭŭm quĕrēntī
a) ĭáctăt ŭltōrēm, văgŭs ēt sĭnĭstrā
b) lābĭtŭr rīpā Iŏvĕ nōn prŏbāntĕ ū|xŏrĭŭs āmnĭs.

Wie hier ist bei Horaz noch carm. 1, 25, 11 und 2, 16, 7 der dritte sapphische Elfsilbler durch Wortbrechung [1]) eng mit dem Adoneus verbunden; 4, 2, 23 und carm. saec. 47 wird am Ende dieses Verses elidiert. Elision (aber nicht Wortbrechung!) findet sich bei Horaz auch am Ende des zweiten Elfsilblers (carm. 2, 2, 18; 2, 16, 34; 4, 2, 22; zweifelhaft 3, 27, 10). Im übrigen herrscht bei Horaz keine Synaphie in der sapphischen Strophe; Hiat und syllaba anceps ist am Ende aller drei Elfsilbler zugelassen (Hiat am Ende der dritten Zeile nur 1, 2, 47; 1, 12, 7. 31 und 1, 22, 15). Im 4. Odenbuch und carm. saec. gibt es keinen Hiat.

Nicht syllaba anceps (11, 7; 51, 1. 10), wohl aber Hiat ist in den sapphischen Strophen des Catull vom Versende ausgeschlossen. Wortbrechung zwischen dem 3. Elfsilbler und dem Adoneus findet sich 11, 11, Elision 11, 19; Elision am Ende des 2. Elfsilblers 11, 22.

Die sapphische Strophe ist von Alkaios und Sappho (6. Jahrhundert v. Chr.) zuerst literarisch verwandt worden. Nachdem Catull und Horaz die Strophe in die römische Dichtung eingeführt hatten, haben Seneca Med. 579—606, Statius silvae 4, 7, Ausonius, Prudentius u. a., formell in

---

[1]) Vgl. 158.

Anlehnung an Horaz, sapphische Oden gedichtet. — Umgestaltung, der sapphischen Strophe bei Seneca s. 170.

169. Die alkäische Strophe (carm. 1, 9; 1, 16; 1, 17; 1, 26; 1, 27; 1, 29; 1, 31; 1, 34; 1, 35; 1, 37; 2, 1; 2, 3; 2, 5; 2, 7; 2, 9; 2, 11; 2, 13; 2, 14; 2, 15; 2, 17; 2, 19; 2, 20; 3, 1—6; 3, 17; 3, 21; 3, 23; 3, 26; 3, 29; 4, 4; 4, 9; 4, 14; 4, 15).

Die Strophe ist eine Verbindung von zwei alkäischen Elfsilblern, einem Neunsilbler und einem Zehnsilbler (140—142). Synaphie herrscht nicht; nur ausnahmsweise Elision am Ende des dritten Kolons (carm. 2, 3, 27 und 3, 29, 35). Beispiel (carm. 3, 1, 1—4):

> ōdí prŏfánūm vŏlgŭs ĕt árcĕŏ.
> făvḗtĕ línguīs: cármĭnă nŏn prĭŭs
> audítă Músārúm săcérdōs
> vírgĭnĭbŭs pŭĕrísquĕ cántō.

Alkaios und Sappho (6. Jahrhundert v. Chr.) haben die Strophe zuerst literarisch verwandt; Horaz hat sie in die römische Poesie eingeführt; Statius silvae 4, 5 ahmt Horaz nach.

B. Kompositionsformen in den Gesangspartien der Tragödien Senecas. 37*)

170. In den Tragödien Senecas wird der gesprochene Dialog nach dem Vorbild der attischen Tragödie des 5. Jahrhunderts v. Chr. von Chorliedern und Einzelliedern unterbrochen; diese zwei Arten von Gesangspartien faßt man unter dem Namen **Cantica** zusammen.

Der metrische **Aufbau** dieser Cantica ist verschiedenartig.

Die einfachste Liedform ist die, in der Verse der gleichen Art **stichisch** (152) aufeinanderfolgen (am häufigsten Anapäste, wie immer in der praetexta Octavia), z. B. im Thyestes 122—175 kleinere Asklepiadeen, 336—403 Glykoneen, Agam. 759—774 akatalektische iambische Dimeter. Sinnesabschluß wird zuweilen durch die katalektische Form angedeutet, z. B. Med. 849—878 Anakreonteen (vgl. 128) oder durch eine Klausel (Troades 371—407 kleinere Asklepiadeen, abgeschlossen 408 durch das vordere Kolon des Asklepiadeus: *quó nōn nátă iăcént*); am häufigsten wird der Adoneus (147) als Abschluß (z. B. Thyestes 622) oder zur Unterbrechung (z. B. Troades 825. 835. 850) einer längeren Reihe sapphischer Elfsilbler (138) gesetzt. Kunstvoller sind die polyschematischen Gebilde, in denen stichische Systeme verschiedener Verse aufeinander folgen, z. B. Med. 56—74 kleinere Asklepiadeen, 75—92 Glykoneen, 93—109 kleinere Asklepiadeen, 110—115 Hexameter. Strophengliederung ist selten. In Med. 771—786 erscheint die iambische Epode (154); im gleichen Stück 579—606 9 regelmäßige sapphische Strophen (168), denen 9 neunzeilige Strophen folgen (je acht Elfsilbler und ein Adoneus). In Phaedra 1128—1131 wird die 3. aklepiadeische Strophe (167) in der Weise abgewandelt, daß der Pherekrateus (als Aristophanius: *ĭmbrĭfĕrŭmquĕ cŏrŭm;* vgl. 134) dem Glykoneus vorangeht. Am kühnsten sind die polymetrischen Neubildungen in den Tragödien Oedipus (403—508 und 709—763) und Agamemno (589—630 und 808—866), in denen horazische Liederverse oder Versteile (143) in buntem Wechsel willkürlich zusammengestellt sind. Sie stellen im ganzen eine mißglückte Imitation freier Liederkomposition dar, wie sie uns in geschickter Nachahmung griechischer Vorbilder bei Plautus entgegentritt.

C. Neubildungen späterer Dichter.

171. In der späteren lateinischen Dichtung setzen sich ähnliche Tendenzen fort. Stichisch (vgl. 69, 70, 99, 100, 128, 130, 138, 140, 147, 148) werden alle möglichen Verse neu verwendet von Ausonius, Prudentius, Martianus Capella, Boethius; dieser läßt 4, 7 auf 34 sapphische Elfsilbler (138) einen Adoneus (147) folgen. Prudentius faßt stichische Verse gern in drei-, vier- oder fünfzeilige Strophen zusammen. Am meisten Anwendung fand die vierzeilige Strophe der ambrosianischen Hymnen. Polyschematische Gedichte verfaßten Ausonius (z. B. 393 S. p. 245 P. Hexameter, iambische Dimeter und Phalaecei), Paulinus Nolanus, Sidonius und Ennodius. Eine epodische Neubildung begegnet schon bei Martial 1, 61 (Choliambus + iambischer Dimeter). Bei den zweizeiligen Strophen des Ausonius handelt es sich meistens um Variierung horazischer Vorbilder; zur Verbindung eines trochäischen Tetrameters mit einem Trimeter 51 S. p. 314 P. kann 165 verglichen werden, eines akatalektischen daktylischen Tetrameters mit dem

Hemiepes **148**, eines Hexameters mit dem Hemiepes **156**. Willkürlicher verfährt Boethius, z. B. in der Zusammenstellung eines sapphischen Elfsilblers mit dem Glykoneus 2, 3 oder eines kleineren Asklepiadeus mit dem iambischen Dimeter 3, 8 (vgl. auch **67** und **141**). Eine Neuschöpfung des Prudentius ist die dreizeilige Strophe der praefatio aus Glykoneus, Asklepiadeus minor + maior. Claudian bildet in den fescennini 2 eine fünfzeilige Strophe aus drei Anakreonteen (**128**) + choriambischem Dimeter (**133**) + Aristophanius (**134**). Hilarius verbindet im 1. Hymnus in einer vierzeiligen Strophe je einen Glykoneus mit einem (sehr frei gebauten) Asklepiadeus minor.

D. Der Aufbau der plautinischen Cantica. 38*)

172. Für die altlateinischen Komödien ist das Überwiegen des **melischen Elements** im Vergleich mit den griechischen Vorbildern charakteristisch. Es ist direkt überliefert, daß Partien, die in der griechischen Komödie in Sprechmaßen gehalten waren, in der lateinischen Nachdichtung in Arien umgewandelt wurden (Menanders Plocium in der Bearbeitung von Caecilius Statius). Demzufolge ist bei den altlateinischen Komödien von vornherein zu unterscheiden zwischen den Versen der gesprochenen Partien (*diverbia*) und der Gesangspartien (*cantica*). Die Sprechverse folgen stichisch aufeinander; sie weisen ziemlich viele metrische und prosodische Freiheiten auf, vor allem deshalb, weil sie meist den ungezwungenen Ton der Alltagssprache wiedergeben, also prosaisch klingen sollen[1]). Die Gesangspartien dagegen sind prosodisch und metrisch vielfach strenger gehalten, besonders die in Bakcheen und Kretikern gedichteten. Ihr Versbau folgt offenbar den Gesetzen der uns unbekannten Musik. Bemerkenswert ist, daß sie aus Monodien und Wechselgesängen von Einzelpersonen, aber nicht aus Chorliedern bestehen (die bei den griechischen Tragikern und Seneca die Hauptmasse der Gesangspartien ausmachen).

Eine Art Zwischenstellung nehmen Partien stichisch gebrauchter iambischer Septenare und Oktonare, sowie trochäischer Septenare ein, die zur Musikbegleitung melodramatisch deklamiert wurden. Die Antike hat auch sie als

---

[1]) Vgl. über den epischen und satirischen Hexameter **62**.

Cantica bezeichnet. Teilung in Sprech- und Gesangsverse können wir auch in den altlateinischen Tragödien erkennen, doch geben die dürftigen Bruchstücke zur Erschließung der Kompositionsformen nur wenig aus. Terenz hat nur in der Andria und den Adelphen lyrische Maße verwandt (von iambischen und trochäischen Langversen und Klauseln abgesehen); es handelt sich dabei nur um wenige Verse. Bei Plautus ist der Anteil an Gesangspartien in den einzelnen Stücken verschieden.

173. Die **plautinischen Cantica** leiten Komödien ein (z. B. Cistellaria) oder beschließen sie (Poenulus, Pseudolus). Sie können zur Eröffnung eines Gespräches führen (Asinaria 127-138), die Handlung fortsetzen (Bacchides 979—996 und oft) oder als Einlagen dienen (Captivi 768—780). Die letzten Verse der Komödien sind fast durchaus (bei Terenz immer) trochäische Septenare. Die Gesangspartien gliedern sich in einzelne Absätze, die sich meistens (nicht immer) durch Gedankenschluß und metrische Mittel (Katalexe oder Klauseln) voneinander abheben. Synaphie ist nirgends angestrebt; häufig findet sich bei Zusammenfügung der einzelnen Verse oder Kola Hiat.

174. Im **Aufbau** plautinischer Cantica lassen sich hauptsächlich **zwei** verschiedene Arten unterscheiden: entweder (a) ist eine Gesangspartie — Einzel- oder Wechselgesang — ganz oder überwiegend in **einem** Versmaß gedichtet und die Verse setzen sich stichisch fort; oder (b) **zwei** oder **mehr** Versarten sind in freien, nur durch den Inhalt geregelten Gruppen miteinander verbunden (*mutatis modis canticum*). **Strophische Responsion**, die doch im griechischen Drama die Komposition durchaus beherrscht, wobei metrische Gruppen sich strophenförmig wiederholen, ist im Persa 1—12 und Epidicus 166 ff. zu erkennen, im übrigen umstritten. **39*)**

175. Bei Liedern, die in wechselnden Rhythmen durchkomponiert sind, läßt sich zweierlei beobachten: 1. daß gewisse Rhythmengeschlechter innerlich untereinander mehr verwandt sind und daher in der Komposition besonders gern miteinander verbunden werden — auf die Verwandtschaft von Kretikern und Trochäen einerseits und Bakcheen und Iamben andrerseits wurde schon hingewiesen — und 2. daß auch in frei durchkomponierten Liedern gern eine bestimmte Versart

zugrunde gelegt wird und ein bestimmtes Rhythmengeschlecht
— sozusagen leitmotivartig — immer wieder auftaucht.

a) Cantica, die ganz oder überwiegend aus einem
Versmaß bestehen[1]).

Anapästische Cantica.

176. Aus anapästischen Tetrametern und Dimetern ohne
Einmischung eines fremden Versmaßes bestehen die Cantica
Plautus Aulularia 713—26; Bacchides 1076—1108; 1149—
1206; Cistellaria 203—28; Persa 168—80; Pseudolus 230—42;
Rudens 220—28; Stichus 309—30; Trinummus 256—300,
820—42.

Kretische Cantica.

177. Der ganze metrische Reichtum kretischer Cantica
läßt sich ermessen beim Lesen des prächtigen Schlachtberichts
des Sosia (Amphitruo 219—47), in dem außer kretischen
Versen und Kola auch trochäische Verse und Kola erscheinen.
Sehr lebendig ist ferner Rudens 233—53, 265—77; metrisch
reicher **Rudens** 664—681, eine Partie, die hier folgen soll:

(‖ hier = Grenze zwischen Vers und Kolon)

Palaestra: *núnc ĭd ést, | cvm ŏmnĭŭm | cŏpĭárum |*
átque ŏpŭm,

auxĭlĭ, | praesĭdĭ | vĭdŭĭtás | nŏs tĕnĕt.   665

nĕc sălŭst | nĕc vĭdst | quaé sălútem | ăffĕrát,
nĕc quam ĭn pártem | ĭngrĕdĭ ‖ pĕrsĕquámŭr
scĭmŭs: tánto | ĭn mĕtŭ ‖ nŭnc sŭmŭs ámbaé,
tánta ĭmpŏrtúnĭtás | tántăque ĭnĭŭrĭá
fácta ĭn nŏs | ést mŏdo hĭc | ĭntŭs ăb | nŏstro ĕrŏ,   670
quĭ scĕlĕstŭs săcĕrdótem ănŭm | praecĭpĕs
rĕppŭlĭt, | prŏpŭlĭt | pĕrquam indĭgnĭs mŏdĭs
nŏsque ăb sĭgno | ĭntŭmŏ | vĭ dērĭpŭĭt sŭá.

sĕd nŭnc sĕse | ŭt fĕrúnt | rĕs fŏrtún‖aequĕ nŏstraé,
pār ĕst mŏrĭ‖rĭ nĕque ĕst | mĕlĭŭs mŏrte | ĭn mălĭs   675
rĕbŭs mĭsĕrĭs. Trachalio: *quĭd ést? | quae ĭllaec ŏrátĭŏst?*

cĕsso ĕgo hás | cŏnsōlárĭ ‖ heŭs Pălaestră! Pal.: quĭ vŏcát?
Tr.: *Ampĕlĭsca.* Ampelisca: *ŏpsĕcrŏ, ‖ quĭs ést quĭ vŏcát?*
Pal.: *quĭs ĭs ĕst quĭ | nómĭnát? Tr.: sĭ rĕspĕxĭs, scĭĕs.*
Pal.: *ŏ sălútĭs mĕaē | spĕs. Tr.: tăce ăc | bŏno ănĭmŏ es.*   680

---

[1]) Abgesehen ist hier von rein trochäischen oder iambischen Cantica.

mĕ vĭdĕ. | Pal.: *sĭ mŏdo ĭd* | *lĭcĕāt, vĭs* | *ne ŏpprĭmĭt,*　　680 a
quāe vis vĭm | *mi ădfĕram ĭpsa* | *ădĭgĭt.* Tr.: *ăh !* | *dĕsĭnĕ,*
nĭmĭs ĭnĕptă es.　　　　　　　　　　　　　　　　681 a

Es sind lauter kretische Tetrameter mit Ausnahme von
667 und 668 (kretischer Dimeter $+$ _ ⌣ _ ⌣ bzw. _ ⌣ ⌣ _ _),
674 (kretischer Trimeter $+$ _ ⌣ _ _), 675 iambischer Monometer
(zur Überleitung zum dialogischen Teil)+kretischer Trimeter,
677 (kretischer Dimeter+trochäischer katalektischer Dimeter), 681 a (trochäischer Monometer= ⌣̣ ⌣ _ ⌣). 678 ist ein
kretischer Dimeter+Dochmius (35, 115). Man beachte, wie
besonders in den atemlosen ersten Versen 664 ff. die Furcht der
Palaestra durch die in ihre kretischen Metra zerlegten Verse
trefflich gemalt wird.

Andere ganz oder fast rein kretische plautinische Cantica
oder Canticateile sind Asinaria 127—37, Bacchides 1109—15,
Captivi 204—23, 235—39, Casina 185—202, Mostellaria 320
—345, 690—739, Pseudolus 1285—1314, Rudens 199—216,
233—53. Auch die Verse 626—34 in der Andria des Terenz
sind kretisch.

Bakcheische Cantica.

178. Oft bestehen ganze Cantica oder doch große Teile
von Cantica aus Bakcheen. Rein bakcheisch ist das Duett
Amphitruo — Sosia im Amphitruo des Plautus 551—573,
das Lied der Alkmene im selben Drama 633—53, der Eingang
des 2. Aktes der Aulularia 120—134, das Ensemble Bacchides
1120—40, die Arie Captivi 781—90, große Teile des Ensembles
Casina 648—705, der Anfang des 5. Akts der Casina (855 ff.),
Menaechmi 753—72, Poenulus 210—60, Rudens 906—19,
Trinummus 223—32, Truculentus 453—64. Vgl. auch 118.
Das hier ausgeschriebene lebhafte kleine Canticum Captivi
781—90 weist in bunter Mischung eine Reihe verschiedener
bakcheischer Verse und Kola auf:

Hegio: *quānto ĭn pĕctŏre hănc rĕm mĕŏ mágĭ' vŏlŭtŏ,*
tāntŏ mi āegrĭtŭdo āuctĭŏr ĕst ĭn ănĭmŏ.
ăd ĭllŭm mŏdŭm sŭblĭtum ŏs ĕssĕ mi hŏdĭĕ !
nĕque ĭd pĕrspĭcĕrĕ quĭvĭ.
quōd cŭm scĭbĭtŭr,　　　　　　　　　　　　　　785
pĕr ŭrbem ĭrrĭdĕbŏr.　　　　　　　　　　　　785 a

cum extémplo ád fórum ádvéněro, ómnés lóquéntúr:
'hic íllést sěněx dóctǔ' quoi věrbǎ dátǎ súnt.'
sěd Ergásilǔs éstne híc, ‖ prócúl quem vídéó?
cōnléctó quǐdémst pállió. quǐdnam āctúrúst?

Ergasilus: *mǒve áps tě mǒram átquě ‖ Ergásǐle,*   790
                                    [ǎge hánc rém.

Von diesen Versen sind 781—83 bakcheische Tetrameter, 784 ist ein katalektischer iambischer Dimeter (vgl. 87), 785 ein katalektischer bakcheischer Dimeter, 785 a ein akatalektischer bakcheischer Dimeter, 786 und 787 sind bakcheische Tetrameter, 788 ist ein verkürzter bakcheischer Tetrameter (vgl. 116), 789 ein bakcheischer Tetrameter, 790 ein verkürzter bakcheischer Tetrameter mit Hiat in der Diärese.

b) Wechselnde Rhythmen.

179. Aus der Fülle frei komponierter Cantica bei Plautus soll nur ein Beispiel aufgeführt werden:

Pseudolus 1103—30
(Monodie des Harpax und Terzett des Harpax, Ballio und Simo)

Ha.: *mǎlǔs ét nēquámst hǒmó quí nǐhǐlí ‖ ěri súí sērvós fǎcǐt*
                 ǐmpěrǐúm [1]),   1103
nǐhǐlíst autém sǔǒm qui óffǐcǐúm ‖ fǎcěre ǐmměmǒr ést,
              nǐsi ést ádmǒnǐtús.

    nām quǐ líběrós se íllico ésse árbǐtrántúr,   1105
    ex cónspěctu ěrí sí súí se ábdǐděrúnt,
lúxāntúr, lūstrántūr, cǒmědūnt, quǒd hǎbēnt, ei nōmén dǐú
                sěrvǐtútǐs fěrúnt.

    něc bǒni ǐngěnt ‖ quǐcquam ǐn ǐs ǐnést,
    nǐsi ǔt ǐmprǒbǐs se ártǐbu' těněánt.   1110
        cum hís mǐhí něc lǒcús
něc sěrmō cónvēnǐt něque ǐs ‖ úmquām nóbǐlǐs fǔt.
ěgo ǔt mi ǐmpěrátūmst, étsi ǎbést ‖ híc ǎdésse ěrum árbǐtrór.
        nūnc ěgo íllūm mětǔō,
quom híc nǒn ǎdést, nē quom ádsǐět ‖ mětǔám. | ei rei ǒpěrám
                           [dǎbǒ. 1115
nam ǐn tǎběrna úsque ǎdhúc, sǐ věnírět Sўrús,

---

[1]) Umstellung von Skutsch.

quoī dĕdī sŭmbŏlŭm, mánsī ŭttῐ iŭssĕrát:
lĕno ŭbi ĕssĕt dŏmī, me aῑbāt árcĕssĕrĕ.
vĕrum ŭbi ῐs nŏn vĕnῐt nĕc vŏcāt,
vĕnῐo hŭc ūltro, ŭt scῐám quῐd reῑ sῐt || *ne illῐc hŏmŏ mĕ*
[*lūdῐ/ῐcĕtŭr.* 1120
nĕc quῐcquāmst mĕlῐūs quam ŭt hŏc pūltem átque
ālῐquem ĕvŏcem hῐnc ῐntŭs. 1122 a
lĕno ārgĕntum hŏc vŏlŏ 1122 b
á me ᾱccῐpῐāt átque āmῐttāt mŭlῐĕrĕm mēcŭm sῐmŭl.

Ba.: *heῡs tū!* Simo: *quῐd vῑs?* Ba.: *hῑc hŏmŏ mĕŭs ĕst.* Sim.:
[*quῐdūm?* Ba.: *quῐă praēda haēc mĕást:*
scŏrtūm quaērῐt, hábĕt ārgĕntūm. iam ádmōrdĕre hūnc mῐhῐ
[*lŭbĕt.* 1125
Si.: *iāmne ῐllŭm cŏmĕssŭrŭs ĕs?* Ba.: *Dŭm rĕcĕns ĕst,*
dátŏr, dŭm cálĕt, dĕvŏrárῐ dĕcĕt ῐdm. [1]
bŏnῐ mĕ vῐrῐ paūpĕránt, ῐmprŏbi aūgĕnt,
pŏpŭlŏ strĕnŭῐ mi ῐmprŏbi ŭsŭῐ sŭnt.
Si.: *Málŭm quŏd tῐbῐ dῐ dăbŭnt; sῐc scĕlĕstŭ's.* 1130

Der erste Teil dieses Canticums, die Monodie des Harpax enthält alle möglichen Versmaße. Das Lied beginnt mit zwei anapästischen Tetrametern (1103/4), dann folgen zwei bakcheische Tetrameter (1105/6), ein trochäischer Septenar (1107), ein kretischer Dimeter (1108), zwei (1109) Hypodochmii (35. 121), ein katalektischer anapästischer Dimeter (1110), wieder ein kretischer Dimeter (1111), zwei synkopierte (83) iambische Oktonare (1112/3), ein Reizianum (1114) und wieder ein synkopierter iambischer Oktonar (1115); nun setzen Kretiker ein (1116—1118 Tetrameter, 1119 Trimeter), dann wieder ein anapästischer Tetrameter (1120) und Dimeter (1121), dem ein Reizianum folgt (1122 a); ein kretischer Dimeter (1122 b) und trochäischer Septenar (1123) beschließen die Monodie.

Das folgende Terzett wird eingeleitet durch zwei trochäische Septenare (1124/5), auf die bakcheische Tetrameter folgen (1129 verkürzt, wenn nicht Hiat zwischen *improbi* und *usui* angenommen wird).

Das Canticum wird von vier anapästischen Versen (1133/6) abgeschlossen.

---

[1] Textgestaltung Leos.

180. Bei dem rhythmischen Reichtum und der kunstvollen Gliederung der plautinischen Cantica erhebt sich einerseits die Frage, wieviel Plautus griechischer Schule verdankt und welche Vorbilder ihm vorgeschwebt haben, auf der andern Seite, wie weit er selbst schöpferisch gewesen ist. Wir können noch erkennen, daß er, wie alle Dichter der altlateinischen Bühne, die von ihm umgedichteten griechischen Originale auch metrisch nicht sklavisch nachgeahmt hat; doch ist Genaueres im einzelnen gerade bei Plautus schwer festzustellen. Jedenfalls hat er viele von den Versen und Kola verwendet, die sich schon in den Tragödien des Euripides (Ende des 5. Jahrhunderts v. Chr.) finden; dem Euripides fremd sind nur stichisch gebrauchte Bakcheen und Kretiker, versus Reiziani und Sotadeen [1]). Die Vermutung liegt nahe, daß Plautus römischen Dichtern wie Livius Andronicus, Naevius, die römische Tragödien nach Euripides gedichtet und wahrscheinlich euripideische Versmaße verwandt haben, zum großen Teil sein metrisches Material verdankt.

Der Aufbau der Gesangspartieen muß wesentlich durch die Rücksicht auf die musikalische Komposition beeinflußt gewesen sein. Die Bedeutung der Musik für die altlateinische Komödie geht schon daraus hervor, daß die Namen der Komponisten, die die Musik zu diesen Dichtwerken schufen, in den amtlichen Festurkunden (Didaskalien) mit aufgeführt wurden. Überliefert ist der Name des Marcipor Oppi für den Stichus des Plautus und des Flaccus Claudi für die Lustspiele des Terenz.

6. Kapitel.

Rhythmische Dichtung. 40*)

181. Der Rhythmus der klassischen lateinischen Verse wurde bestimmt durch den regelmäßigen Wechsel von langen und kurzen Silben. Seit dem 3. Jahrhundert n. Chr. finden sich, veranlaßt durch das mehr und mehr schwindende Gefühl für die Quantität, Verse, in denen sich der Rhythmus nach der Betonung richtet. Übereinstimmung zwischen Wort- und Versakzent tritt allerdings nur an bestimmten Versstellen ein. Der christliche Dichter Commodian 41*),

---

[1]) Vgl. oben 42.

von dem nicht sicher feststeht, ob er älter oder jünger als Augustin ist, baut daktylische Hexameter, die durch die fast ausnahmslos angebrachte Penthemimeres in zwei meist auch dem Sinn nach in sich geschlossene Halbzeilen abgeteilt sind. Die Silben in Versmitte und -ende sind streng so gebaut, wie sie — nicht nach der Quantität, sondern dem Wortton nach — im klassischen Hexameter zu hören waren. Elision ist in den Versen fast ganz gemieden, Aphäresis kommt gelegentlich vor. Der 5. Fuß ist regelmäßig dreisilbig. Die Versschlüsse weisen stets Übereinstimmung von Wortton und Iktus auf, z. B. *déus habétur; néque vitátur; túrbae pronátae; púgna cum íllo.* Nicht gemieden wird einsilbiges Wort in der 5. Hebung, z. B. *quaé te opórtet.* Selten sind vier- und fünfsilbige Versschlüsse (z. B. *séd benefáctis; pseúdoprophéta*) und zwei schließende Monosyllaba (z. B. *simíliter ét tu*). Vor der Cäsur wird einsilbiges Wort gemieden; in den seltenen Fällen seines Vorkommens geht ein ein- oder zweisilbiges Wort voraus, z. B. *in tali spes ést* bzw. *innocens hic ego súm.* Der Hochton fällt immer in die 2. Senkung (also Widerspruch zwischen Vers und Wortakzent), z. B. *móntesés děós; tóllitur ét dàtúr; tóllite córda fràudis; áspicis lègém* (selten); *fállit vos géns hòminúm.*

Der psalmus abecedarius [1]) contra partem Donati Augustins 42*) ist in trochäischen Oktonaren verfaßt, die stets in zwei gleich lange Hälften geteilt sind [2]). Die vorletzte Silbe jeder Vershälfte trägt nahezu immer den Wortton (mit Synizese z. B. *hódje*); sie ist also in mehr als zweisilbigen Wörtern notwendigerweise lang. Die vorausgehenden Silben sind in der Betonung frei und nur durch die gleiche Silbenzahl geregelt. Beispiel:

v. 13 *bónos in vasa misérunt| réliquos malos in máre.*

Auf jede der 12zeiligen Strophen folgt der Schaltvers:

ómnes qui gaudetis de páce| módo verum iudicáte.

Jede Verszeile endigt auf *e* (oder *ae*).

In der Epistel des Auspicius an den Frankenfürsten Arbogastes vom Jahre 475 stimmen in 599 von 656 Hebungen

---

[1]) *Abecedarii* = Gedichte, in denen die Strophen nacheinander mit den hintereinanderfolgenden Buchstaben des ABC beginnen.

[2]) Augustin sagt darüber (rectract. 1, 20) *non aliquo carminis genere id fieri volui, ne me necessitas metrica ad aliqua verba, quae vulgo minus sunt usitata, compelleret.*

Wortton und Versiktus ohne Rücksicht auf die Quantität überein. Von den 57 Akzentverschiebungen fallen 51 auf den 1. Fuß. 42 Verse haben Reim.

182. Bindung durch Reim und Strophenform erscheint auch vielfach in den herrlichsten Blüten der christlichen Hymnendichtung, in denen etwa seit dem Ende des weströmischen Reiches die Hebungen von der den Wortton tragenden Silbe eingenommen werden ohne Rücksicht auf die Quantität (wie auch in der mittelalterlichen Dichtung; Beispiel: *díes írae, díes ílla*).

Beurteilung quantitierender Verse nach den häufigsten Wortakzentstellen führen zu rhythmischer Umwertung, wie sie bei der sapphischen Strophe in der Komposition Flemings erscheint (als *ínteger vítae scélerísque púrus*). Ein rhythmisierter sapphischer Vers wie

víta sanctórum décus ángelórum

(hier auch mit Binnenreim wie beim leoninischen Hexameter) wird Vorbild für antikisierende Verse im deutschen Kirchenlied, z. B. in Johann Heermanns (1585—1647) Weise:

„Hérzliebster Jésu, wás hast Dú verbróchen..." 43*).

Ein Asklepiadeus minor wie

quốdsī mế lรyrĭcís | vátĭbŭs ĭnsĕrĭs

wird nach den Wortakzenten gelesen zum daktylischen Rhythmus umgedeutet in der Hymnenzeile

sácra sollémnia | iúncta sunt gaúdiis.

7. Kapitel.

Rhythmische Prosa. 44*)

183. Reste vorliterarischer Prosa 45*) (Gebete, Sprüche, Formeln) weisen ohne an bestimmte Maße gebunden zu sein unverkennbar ein Streben nach rhythmischer Gestaltung auf. Charakteristisch dafür ist die Gliederung in ungefähr gleich lange rhythmische Gebilde, die häufig wieder in zwei gleichmäßig gebaute Halbreihen zerlegt sind. Als Stilmittel erscheinen Alliteration und Parallelismus, häufig auch Binnen- oder Endreim. Als Beispiel diene eine Bauernregel, angeführt von Macrobius Saturnalia 5, 20, 18 aus einem *liber vetustissimorum carminum*[1]), *qui ante omnia, quae a Latinis scripta sunt, compositus ferebatur:*

> *hiberno pulvere,* | *verno luto*
> *grandia farra,* | *Camille, metes.*

Alliteration und Reim weist auf das *praeceptum Marcii vatis* bei Isidor origines 6, 8, 12:

> *postremus dicas,* | *primus taceas.*

Das schönste Beispiel rhythmisch gestalteter Prosa ältester Zeit bietet das Gebet an Mars bei Cato agr. 141, das in der 2. Zeilenhälfte mitunter (6. 7. 10) völlige Übereinstimmung mit der hinteren Halbzeile des Saturniers aufweist:

	Mars pater,	
	te precor quaesoque,	
uti	*sies volens propitius*	
	mihi domo familiaeque nostrae	
uti tu	*morbos visos invisosque*	5
	viduitatem vastitudinemque	
	calamitates intemperiasque	
	prohibessis defendas averruncesque;	
utique tu	*fruges frumenta vineta virgultaque*	
	grandire beneque evenire siris	10
	pastores pecuaque salva servassis	
	duisque bonam salutem valetudinemque	
	mihi domo familiaeque nostrae.	

Es zeigt sich Zweiteilung in Wortzusammenstellung (2. 3. 6ff.) und Anreihung (4/5; 9/10); desgleichen Dreigliederung von Wörtern (4. 8. 13) und Zeilen (5—7); Alliteration (6. 9. 11) und Silbenzuwachs (2. 3. 6 u. ö.).

184. Im politischen Leben und Gerichtswesen des attischen Reichs im 5. und 4. Jahrhundert v. Chr. blühte die Kunst der Rede empor. Der Redner, der in Prosa sprach, mußte darauf bedacht sein, mit allen Mitteln seine Zuhörer zu fesseln und fortzureißen; eines dieser Mittel war der Rhythmus. Je nach dem Inhalt des Gesagten mußte er lastend oder leicht, gelassen oder leidenschaftlich, dem poetischen Rhythmus mehr oder weniger ähnlich sein. Da die Redner die Macht des Rhythmischen erkannten, begannen sie, rhythmische Effekte bewußt zu studieren und dem spontanen Fluß ihrer Rede rhythmischen Stil zu verleihen. Sie bedienten sich dabei in

---

[1]) *carmen* hier = Spruchformel.

vielem metrischer und prosodischer Konventionen der Poesie; zwischen Griechen und Römern bestand hiebei kein Unterschied: Längen (auch durch Position gebildete) und Kürzen galten in der prosaischen wie in der gebundenen Rede; der Hiat wurde durch Anwendung der Elision gemieden, wenn auch nicht so konsequent wie in der Dichtung (namentlich nicht nach auslautendem *m*). Wie in der Dichtung ist in allen Rhythmen die letzte Silbe *anceps*. Dagegen wurde der rednerische Rhythmus vom poetischen unterschieden durch Nichtverwendung gebräuchlicher poetischer Füße und Metra, besonders des Daktylus und Iambus. Ein in der griechischen Poesie seltenes Metrum, das päonische[1]) ($\smile\smile\smile\_$ oder $\_\smile\smile\smile$), dem das kretische ($\_\smile\_$) entspricht, ist in der griechischen rhythmischen Prosa besonders beliebt.

In der hellenistischen Zeit wird die rhythmische Prosa ärmer an Formen; das Hauptinteresse wendet man der kunstvollen Ausgestaltung der Periodenschlüsse (Klauseln) zu. Wo die Periode[2]) endigt, macht der Redner eine Pause; die letzten Worte fallen besonders ins Ohr, ihre Wirkung wird durch rhythmische Bindung erhöht. Auch die Satzschlüsse i n n e r h a l b der Periode werden rhythmisch sorgfältig behandelt.

Die Römer haben sich die hellenistische Technik der Rede, auch was die Rhythmik betrifft, zu eigen gemacht. Der erste, an dem sich das beobachten läßt, ist C. G r a c c h u s (153 — 121 v. Chr.). Zur höchsten Ausbildung hat sie Cicero gebracht, der sich mit ihr auch theoretisch (im orator) befaßt hat (ebenso Quintilian in der institutio 9, 4).

185. Klauseln in den Reden Ciceros.

A. Am häufigsten findet sich der D i k r e t i k u s und zwar

1. der k a t a l e k t i s c h e Dikretikus (= Kretikus + Trochäus) $\_\smile\_\_\smile$ z. B. *mōrtĕ vīcērūnt*; *ōptŭmūs quīsquĕ*.
Fast ein Viertel aller Perioden in den Reden Ciceros weist diese Klausel auf. Eine Variante ist

2. der a k a t a l e k t i s c h e Dikretikus $\_\smile\_\_\smile\times$

z. B. *cēssĭt āudācĭāe; vēnērāt lēgĭbŭs*.
Er begegnet nicht ganz halb so oft wie 1.

---

[1]) Vgl. 128 und 185 D.
[2]) περίοδος = Umgang, eine Reihe innerlich und äußerlich zusammengehöriger Haupt- und Nebensätze.

Dafür kann eintreten

2a. Molossus + Kretikus _ _ _ _ ‿ ×

z. B. *pössēm cōgnōscĕrĕ; dēfinīri pŏtēst.*

B. An zweiter Stelle kommt der **Ditrochäus** (besonders mit vorangehendem Kretikus bzw. Molossus oder Spondeus) und der **Dispondeus**:

3. Ditrochäus _ ‿ _ ◡

z. B. *pērdĭdīssĕ; ēssĕ pōssint; nōn tŭlērūnt; dēbŭit mē.*

3a. Kretikus + Ditrochäus _ ‿ _ _ _ ‿ _ ◡

z. B. *audĕāt iūdĭcārĕ; cīvĭtātis pŭtāntŭr.*

3b. Molossus + Ditrochäus _ _ _ _ _ ‿ _ ◡

z. B. *cāusīs ēxērcĭtātŭs; māgnī sūnt aut fŭērūnt.*

3c. Spondeus + Ditrochäus _ _ _ _ ‿ _ ◡

z. B. *cōniūrātiōnĕm; Grāecis āntĕpōnō.*

4. Dispondeus _ _ _ ×

z. B. *cōndēmnāssĕ; nōs ēlūdĕt.*

C. Gelegentlich erscheinen auch folgende Formen:

5. Spondeus + Kretikus _ _ _ ‿ ×

z. B. *ēxspēctābĭmŭs; in sēntēntiā.*

6. Trochäus + Kretikus (=Hypodochmius) _ ‿ _ ‿ ×

z. B. *ēlŏquēntiă; habērĕ cētĕră.*

D. Die **Auflösung der Längen** ist im Lateinischen bei seinem Überschuß an langen Silben seltner als im Griechischen. Sie findet sich etwas häufiger bei **kretischen Satzschlüssen**:

7. Auflösung der 2. Länge des Kretikus:

a) sie ist beliebt beim katalektischen Dikretikus (1. Päon + Trochäus) _ ‿ ‿ ‿ _ ◡, z. B. *ēssĕ vĭdĕātŭr;*

b) doch kommt sie auch beim akatalektischen Dikretikus vor (1. Päon + Kretikus) _ ‿ ‿ ‿ _ ‿ ×, z. B. *ēssĕ pătiēmĭnī.*

8. Seltener ist Auflösung der 1. Länge

a) beim katalektischen Dikretikus (4. Päon + Trochäus) ‿ ‿ ‿ _ _ ◡, z. B. *făcĭnŭs ādmīsī;*

b) beim akatalektischen Dikretikus (4. Päon + Kretikus) ‿ ‿ ‿ _ _ ‿ ×, z. B. *vŏmĕrĕ pōstrīdiē.*

9. Auflösung der 3. Länge des katalektischen Dikretikus _‿_‿‿◡, z. B. *idquĕ cōnsĭliŭmst.*

10. Aber auch bei anderen Klauseln ist Ersatz der Länge durch zwei Kürzen möglich, z. B. *stŭdĭŭm cōntŭlit* (zu 5); *pŏtĕrānt iūdĭcārĕ* (zu 3 c).

186. Schlecht und auch von der Theorie gebrandmarkt ist vor allem die Klausel, die mit dem Hexameterschluß identisch ist, z. B. *ēssĕ vĭdētŭr*. Daher erklärt sich die Umstellung *volēbăt ēssĕ* (nach 3) gegen *ēssĕ mālēbăt* (nach 1).

Bei Bildung der Klauseln durch mehrere Wörter spielt die Wortgrenze eine Rolle; z. B. ist bei Cicero die Teilung –⏑|––⏑× häufiger als –⏑–|–⏑×. Oft beginnt die Klausel mit der den Wortton tragenden Silbe des vorletzten Wortes.

Wiederholung gleicher (oder verwandter Klauseln) am Ende rhythmischer Glieder kann den Parallelismus des Sinns unterstreichen, wird aber keineswegs regelmäßig durchgeführt.

Zusammenhang des Sinnes mit Bevorzugung bestimmter Klauseln kann nicht nachgewiesen werden.

187. Beispiel der angewendeten Klauseln in Ciceros Rede[1]) de imperio Cn. Pompei cap. 1, 1 und 2. (Längen und Kürzen sind nur bezeichnet, wo Klauseln vorliegen).

Quamquam mihi semper frequens conspectus vester multo iūcūndīssĭmŭs (5), hic autem locus ad agēndum āmplīssĭmŭs (5), ad dicendum ornatissimus ēst vīsŭs, Quĭrītēs (3c), tamen hoc ădĭtū laudĭs (4[10]), qui semper optimo cuique māxĭmē pătŭĭt (9), non mea mē vŏlūntās ădhŭc (2), sed vitae meae rationes ab ineunte aetate suscēptāe prŏhĭbŭērūnt (3 c[10]). Nam cum antea nondum huius auctoritatem loci attīngĕre audērĕm (1) statueremque nihil huc nisi perfectum ingenio, elaboratum industria adfērri ŏpōrtērĕ (1), omne meum tempus amicorum temporibus trānsmīttēndūm pŭtāvī (3 b). Ita neque hic locus vacuus fuit umquam ab iis, qui vestram causām dēfēndĕrēnt (2 a), et meus labor in privatorum periculis caste integrēquĕ vērsātŭs (1) ex vestro iudicio fructum est amplīssĭmūm cōnsĕcūtŭs (3 a). Nam cum propter dilationem comitiorum ter praetor primus centuriis cunctis renūntĭātŭs sŭm (1), facile intēllēxī, Quĭrītēs (3 b), et quid de me iūdĭcārētĭs (1) et quid ălĭīs praescrībĕrētĭs (3 b [10]). Nunc cum et auctoritatis in mē tāntūm sĭt (4), quantum vos honoribus mandandis ēssĕ vŏlŭīstĭs (7 a), et ad agendum facultātĭs tāntŭm (4), quantum homini vigilanti ex forensi usu prope cotidiana dicendi exer-

[1]) Vgl. hiezu E. Fraenkel, Zeitschrift der Savigny-Stiftung für Rechtsgeschichte 47. Bd. Röm. Abt. S. 399, Weimar 1927 gegenüber der Analyse von F. Crusius nach Zielinski, Der constructive Rhythmus in Ciceros Reden S. 156.

citatio pŏtŭĭt ādfērrĕ (8 a), certe et si quid auctorītātĭs in mē est (3), ăpŭd ĕōs ūtăr (8 a), qui eam mihĭ dĕdĕrūnt (3[10]), et si quid in dicendo cōnsĕquī pōssŭm (1), iis ostendām pŏtĭssĭmŭm (6), qui ei quoque rei fructum suo iudicio tribuendum ēssĕ dūxĕrūnt (1).

188. Ähnlicher Rhythmus wie bei Cicero findet sich vor allem bei Seneca[1]), Quinitilian, Tacitus im dialogus und dem jüngeren Plinius[2]). Die römischen Historiker Cäsar (außer in den Reden), Sallust, Livius, Tacitus weisen eine andere Eigenart auf (von manchen Gelehrten wird Beachtung von Klauseln überhaupt geleugnet). Curtius bevorzugt schon die kretische Klausel.

189. Auch in der rhythmischen Prosa vollzieht sich seit dem 4./5. Jahrhundert der Wandel zum akzentuierenden Rhythmus, wie er in ausgedehntem Maße später auch im *cursus* des Mittellateins beachtet wurde. 46*) Die gelehrtesten Autoren des ausgehenden Altertums (z. B. Sedulius, Ennodius, Boethius) verwendeten Satzschlüsse, die zugleich dem quantitierenden wie dem akzentuierenden Prinzip entsprachen.

Die ciceronische (185) Klausel 1 verwandelt sich in die Folge: betonte, unbetonte, unbetonte, betonte, unbetonte Silbe (*cursus planus*);

Klausel 2 in die zweimal wiederholte Folge. betonte, unbetonte, unbetonte Silbe (*cursus tardus*);

Klausel 3a in die Folge: betonte Silbe, vier unbetonte Silben, betonte und unbetonte Silbe (*cursus velox*).

Beispiele:

cursus planus:	*óptinet púncti*;
cursus tardus:	*póstea príncipem*;
cursus velox:	*réctius iudicémus*

---

[1]) Die Klauseln in Senecas Brief 90, 41 ff. erläutert B. Axelson, Neue Senecastudien. Lund 1939 S. 23 f.

[2]) Vgl. auch H. Hagendahl, La prose métrique d'Arnobe. Göteborg 1937.

Literaturverzeichnis (Auswahl).

1. Der Begründer der wissenschaftlichen lateinischen Metrik ist Richard Bentley († 1742). Dieser hat in seinem Schediasma de metris Terentianis, Cambridge 1726 die Gesetzmäßigkeit des Versbaus der römischen Komödie gleichsam neu entdeckt. Eine systematische Darstellung der griechischen und römischen Metrik hat zuerst Gottfried Hermann geboten in den Elementa doctrinae metricae, Leipzig 1816.

Weitere Darstellungen der griechischen und römischen Metrik: Wilhelm Christ, Metrik der Griechen und Römer, 2. Aufl. Leipzig 1879.

Louis Havet, Cours élémentaire de métrique grecque et latine, 4. Aufl. Paris 1896.

Hugo Gleditsch, Metrik der Griechen und Römer (Handbuch der klassischen Altertumswissenschaft II 3), 3. Aufl. München 1901.

A. Kolář, De re metrica poetarum Graecorum et Romanorum, Prag 1947.

Sonderdarstellungen der römischen Prosodie und Metrik:

Lucian Müller, De re metrica poetarum Latinorum praeter Plautum et Terentium libri septem, Leipzig 1866 (2. Aufl. 1894).

I. P. Postgate, Prosodia latina, Oxford 1923.

Friedrich Vollmer, Römische Metrik (Einleitung in die Altertumswissenschaft I 8), Leipzig und Berlin, 3. Aufl. 1927 (ausgezeichnete, nur allzu dürftige Einführung in alle Probleme der lat. Metrik und Prosodie).

M. Lenchantin, Manuale di prosodia e metrica latina, Messina / Milano 1934.

M. Lavarenne, Initiation à la métrique et à la prosodie latines, Paris 1948.

Louis Nougaret, Traité de métrique latine classique, Paris 1948.

Amerindo Camilli, Trattato di prosodia e metrica latina, Florenz 1949 (vgl. M. Platnauer, Class. Rev. 64, 1950, 25f.).

Zu altlateinischen Dichtern:

F. W. Ritschl, Opuscula V, Leipzig 1879, 367−524.

C. F. W. Müller, Plautinische Prosodie, Berlin 1869; Nachträge 1871.

Richard Klotz, Grundzüge altrömischer Metrik, Leipzig 1890.

W. M. Lindsay, The Captivi of Plautus, London 1900 ders., Early latin verse, Oxford 1922.

Fr. Leo, Plautinische Forschungen, 2. Aufl. Berlin 1912.

A. Thierfelder, T. Maccius Plautus Rudens, Heidelberg 1949.

E. Hauler, Terenz Phormio, 4. Aufl. Leipzig 1913.

W. A. Laidlaw, The prosody of Terence, London 1938.

J. Marouzeau, Terence tome I, Paris 1942.

Kurt Witte, Der Hexameter des Ennius, Rhein. Mus. 69 (1914) 205—232.

Zu Lukrez:

K. Lachmann, Lukrez-Kommentar, 4. Aufl. Berlin 1882.

Ch. Dubois, La métrique de Lucrèce. Lille-Straßbourg 1935.

C. Bailey, Ausg. vol. I p. 109—131, Oxford 1947.

Zu Vergil:

I. La Roche, Der Hexameter bei Vergil, Wien. Stud. 23 (1902) 121—141.

E. Norden, Aeneis Buch VI, 2. Aufl. Berlin-Leipzig 1916, S. 413—458.

Zur Terminologie:

Otto Schroeder, Nomenclator metricus, Heidelberg 1929.

Hofmann-Rubenbauer, Wörterbuch der grammatischen und metrischen Terminologie, Heidelberg 1950.

Über die wissenschaftlichen Neuerscheinungen auf dem Gebiet der römischen Metrik unterrichten die jährlichen Übersichten in der Revue des études latines.— In Bursians Jahresberichten hat zuletzt E. Kalinka in den Bänden 250 (1935) S. 290—494, 256 (1937) S. 1—126 und 257 (1937) S. 1—160 die in den Jahren 1908—1936 erschienenen Veröffentlichungen besprochen.

2. Eirik Vandvik, Rhythmus und Metrum (Symbolae Osloenses fasc. suppl. VIII) Osloae 1937. — Zum Unterschied zwischen Rhythmus und Metrum vgl. Augustin, de mus. V 1 *omne metrum etiam rhythmus, non omnis rhythmus metrum est.*

3. Prosodische Erscheinungen sind Gegenstand der historischen lateinischen Lautlehre. Wissenschaftliche Hilfsmittel:

A. C. Juret, La phonétique latine, 2. Aufl. Paris 1938.

J. Marouzeau, La prononciation du latin, 2. Aufl. Paris 1938.

R. G. Kent, The sounds of Latin, 3. Aufl. Philadelphia 1945.

Max Niedermann, Historische Lautlehre des Lateinischen, 3. Aufl. Heidelberg 1953.

W. M. Lindsay, The latin language, Oxford 1894. Deutsche Übersetzung von H. Nohl, Die lateinische Sprache, Leipzig 1897.

Fr. Sommer, Handbuch der lateinischen Laut- und Formenlehre, Manualabdruck der 2./3. Aufl. Heidelberg 1948.

Manu Leumann, Laut- und Formenlehre (in Stolz-Schmalz, Lateinische Grammatik, 5. Aufl.) München 1926.

4. A. Marx, Hilfsbüchlein für die Aussprache der lateinischen Vokale in positionslangen Silben, Berlin 1901.

5. Lachmanns Regel (zu Lukrez 1, 805).

6. B. Maurenbrecher, Hiatus und Verschleifung im alten Latein, Leipzig 1899.

A. Siedow, De elisionis, aphaeresis, hiatus usu in hexametris Latinis, Diss. Greifswald 1911.

W. Ax, De hiatu, qui in fragmentis priscae poesis Romanae invenitur, Diss. Göttingen 1917.

J. Pelz, Der prosodische Hiat, Diss. Breslau 1930.
W. M. Lindsay, Early latin verse (oben 1) p. 113—259.
Alfred Klotz, Würzburger Jahrbücher 2 (1947), 339—357.
7. B. Maurenbrecher, Parerga, Leipzig-Berlin 1916.
8. Fr. Skutsch, Vollmöllers Jahresber. f. rom. Phil. I (1891), 32 ff.
ders., Plautinisches und Romanisches, Leipzig 1892, 6 ff. und
Kleine Schriften, Leipzig-Berlin 1914 S. 92 ff., 227 ff.
A. W. Ahlberg, De correptione iambica Plautina, Lund 1901.
E. Wallstedt, Studia Plautina, Lund 1909.
A. Brenot, Les mots et groupes iamb. réduits dans le théâtre
latin, Paris 1923.
Fr. Vollmer, S. Ber. d. bay. Akademie d. W. 1924, 4. Abh.
O. Skutsch, Prosodische und metrische Gesetze der Iambenkürzung, Göttingen 1934.
9. R. Hartenberger, De o finali apud poetas Latinos, Diss.
Bonn 1911.
10. F. Vollmer, S. Ber. d. bay. Akademie d. W. 1917, 9. Abh.
11. Fr. Vollmer, S. Ber. d. bay. Akademie d. W. 1917, 3. Abh.
R. G. Kent, Mélanges Marouzeau, Paris 1948 p. 303 ff.
12. W. Meyer, Über die Beobachtung des Wortaccentes in der
altlateinischen Poesie, München 1884. (S. B. der bay. Akad. d. W.
1886 S. 1—120).
J. Vendryes, Recherches sur l'histoire et les effets de l'intensité
initiale en latin, Paris 1902.
P. von der Mühll, Der Rhythmus im antiken Vers, Aarau 1918.
Fr. Vollmer, S. Ber. d. bay. Ak. d. W. 1924, 4. Abh. S. 15 ff.
M. G. Nicolau, Rev. Ét. Lat. 7 (1929), 148 ff.
E. Zinn, Der Wortakzent in den lyrischen Versen des Horaz,
München 1940.
A. Schmitt, Musikalischer Akzent und antike Metrik (orbis
antiquus Heft 10) München 1953.
P. J. Enk, Mnemosyne VI (1953), 93—109.
A. Förster, Prolegomena metrica, Budapest 1956.
Vgl. auch unten 28 und Camilli (oben 1).
13. Leumann (oben 3) S. 185.
14. Zinn (oben 12) S. 87.
15. E. Norden, Antike Kunstprosa, 3. Abdruck Leipzig und Berlin
1918 II 810 ff.
16. Zur Namenserklärung (nach dem Papst Leo I. ?) vgl. C. Erd-
mann in der Festgabe K. Strecker, Leipzig 1941 S. 16 ff.
17. Karl Polheim, Die lateinische Reimprosa, Berlin 1925.
18. O. Keller, Der saturnische Vers, I Leipzig 1883, II Prag 1886.
Fr. Leo, Der saturnische Vers, Berlin 1905.
W. J. Koster, Mnemosyne 57 (1929) 267 f.
A. W. de Groot, Rev. Ét. Lat. 12 (1934) 284 ff.
F. Novotny, de versu Saturnio, Prag 1955.
K. Rupprecht, Gymnasium 65 (1958) 300 ff.
19. E. Norden, Aus altrömischen Priesterbüchern, Leipzig 1939
S. 229 ff.
G. Pasquali, Preistoria della poesia Romana, Florenz 1936
S. 33 ff. bezeichnet den Saturnier als *sintesi romana di elementi greci*.

140

Vgl. auch E. Fraenkel, Eranos 49 (1951) 170f.

20. W. Meyer, Zur Geschichte des griech. und lat. Hexameters, München 1885. (S. B. der bay. Akad. d. W. 1884 S. 64ff.).

F. Vollmer, Iambenkürzung im Hexameter, Glotta 8 (1916) 130—137.

H. Drexler, Hexameterstudien I—VI, Madrid 1953—1956.

Nils-Ola Nilsson, Metrische Stildifferenzen in den Satiren des Horaz, Uppsala 1952.

M. Platnauer, Latin elegiac verse, Cambridge 1951.

21. F. Marx, Molossische und bakcheische Wortformen, Leipzig 1922 (vgl. dazu H. Drexler, Aevum 24, 1950, 355ff.).

22. L. Nougaret, Rev. Ét. Lat. 24 (1946) 261 ff.

23. O. Brugmann, Quemadmodum in iambico senario Romani veteres verborum accentus cum numeris consociarint, Bonn 1874.

T. Hingst, De spondeis et anapaestis in antepaenultimo pede versuum generis duplicis Latinorum, Leipzig 1904.

24. Bentley zu Hor. sat. 2, 5, 75.

A. Luchs, Quaestiones metricae, Berlin 1883.

25. W. Kroll, Glotta 13 (1924) 153ff.

26. H. Jacobsohn, Quaestiones Plautinae metricae et grammaticae, Göttingen 1904.

27. G. Jachmann, Studia prosodiaca ad veteres poetas scaenicos Latinos spectantia, Marburg 1912.

28. E. Fraenkel, Iktus und Akzent im lateinischen Sprechvers, Berlin 1928.

H. Drexler, Plautinische Akzentstudien, Breslau 1932.

29. L. Havet, Phaedri fabulae, Paris 1895 S. 147ff.

30. E. Fraenkel, Hermes 62 (1927) 357ff.

F. Altheim, Geschichte der lateinischen Sprache, Frankfurt/M. 1951 S. 366ff.

31. J. Pelckmann, Versus choliambi apud Graecos et Romano historia, Diss. Greifswald 1908.

32. E. Fraenkel, Plautinisches im Plautus, Berlin 1922 S. 372

33. Vgl. zu den folgenden Abschnitten:

R. Heinze, Die lyrischen Verse des Horaz, Leipzig 1918.

M. Lenchantin, I metri eolici della lirica latina. Athenaeum n. s. 12 (1934) S. 239ff.

E. Zinn (s. unter 12).

34. K. Rupprecht, Einführung in die griechische Metrik, 3. Aufl. München 1950 S. 102 ff.

35. F. Leo, De Senecae tragoediis observationes criticae. Berlin 1878 S. 110—132.

W. Marx, Funktion und Form der Chorlieder in den Seneca-Tragödien, Diss. Heidelberg 1932.

B. Bußfeld, Die polymetrischen Chorlieder in Senecas Oedipus und Agamamnon, Diss. München 1945.

36. L. Havet, Rev. Ét. Lat. 19 (1941) 202ff.

G. Pasquali (oben 19) S. 37ff.

37. F. Leo, Die Komposition der Chorlieder Senecas. Rhein. Mus. 52 (1897) 509ff.

K. Münscher, Senecas Werke, Leipzig 1922 S. 88ff.

88. F. Leo, Die plautinischen Cantica und die hellenistische Lyrik, Berlin 1897.

E. Fraenkel, Plautinisches im Plautus, Berlin 1922 S. 321 ff.

89. F. Crusius, Philologus Suppl. Bd. 21 Heft 11, Leipzig 1929.

H. Roppenecker, Philologus 84 (1929) 301 ff. u. 430 ff.

E. Häcker, Zum Aufbau der plautinischen Cantica, Berlin 1936.

40. W. Meyer, Ges. Abhandlungen zur mittellateinischen Rhythmik, Berlin 1905.

M. G. Nicolau, Arch. lat. med. aevi 9 (1934) 55 ff.

41. F. Hansen, de arte metrica Commodiani, Straßburg 1881

H. de Vroom, De Commodiani metro, Utrecht 1917.

J. Martin, Commodianea, Wien 1917 S. 7 ff.

A. W. de Groot, Neophilologus 1923 S. 304 ff.

L. Schils, Neophilologus 1930 S. 51 ff.

E. Tamerle, Der lateinische Vers ein akzentuierender Vers, Innsbruck 1936 S. 81 ff.

42. H. de Vroom, Le psaume abécédaire de S. Augustin, Nijmwegen 1933.

43. E. Zinn (oben 12) S. 10 ff.

A. Heusler, Deutscher und antiker Vers, Straßburg 1917.

44. Die jahrhundertelang verschüttete Kenntnis des antiken Prosarhythmus wurde erst vor ca. 60 Jahren wieder geweckt. Für das Lat. vgl. u. a.

Th. Zielinski, Das Klauselgesetz in Ciceros Reden (Philologus, Supplementband 9,4 [1904])

ders., Das Ausleben des Clauselgesetzes in der röm. Kunstprosa (Philologus, Supplementband 10,3 [1909])

ders., Der constructive Rhythmus in Ciceros Reden (Philologus, Supplementband 13,1 [1914]).

M. Bornecque, Les clausules métriques latines, Lille 1907.

A. C. Clark, Fontes prosae numerosae, Oxford 1910.

E. Norden (oben 15) S. 909 ff.

F. Novotny, Berl. phil. Wochenschrift 37 (1917) 217 ff., Rev. Ét. Lat. 4 (1926) 221 ff. u. a.

A. W. de Groot, La prose métrique des anciens, Paris 1926.

L. Laurand, Étude sur le style des discours de Cicéron, Paris 1928—1931.

Dag Norberg, Eranos 50 (1952) 53 ff.

45. C. Thulin, Italische sakrale Poesie und Prosa, Berlin 1906 S. 51 ff.

E. Norden (oben 15) S. 156 ff.

46. M. G. Nicolau, L'origine du cursus rythmique, Paris 1930.

B. Axelson, Akzentuierender Klauselrhythmus bei Apuleins, Lund 1952.

Sachregister.

(Die Ziffern beziehen sich auf die Paragraphen.)

Stellenregister.

Catull:

Cicero:

carm. frg. (de consul.) 50ff.   38 | de imperio Cn. Pomp.
                                     | 1,1 und 2 187

Ennius:

ann. 33. 43 V. ....51. 52 | scenica 65ff. V.   68
—. 109. 140 V. .... 39 | — 151 V.   38

Horaz:
Oden (=carm.).

Plautus:

Seneca:

Terenz: